教育部、国家语委重大文化工程

  "中华思想文化术语传播工程"成果

国家社会科学基金重大项目

  "中国核心术语国际影响力研究"（21&ZD158）

  阶段性成果

跨|越|时|空|的|中|国|词

无仁敌者

早期中国的兵家与军事

崔晓姣 著

外语教学与研究出版社
北京

图书在版编目（CIP）数据

仁者无敌：早期中国的兵家与军事／崔晓姣著．—— 北京：外语教学与研究出版社，2022.6（2023.12重印）
（跨越时空的中国词）
ISBN 978-7-5213-3654-2

Ⅰ. ①仁⋯ Ⅱ. ①崔⋯ Ⅲ. ①军事思想史 – 中国 – 古代 Ⅳ. ①E092.2

中国版本图书馆 CIP 数据核字（2022）第 095777 号

出 版 人　王　芳
项目策划　刘旭璐
责任编辑　钱垂君
责任校对　牛茜茜
封面设计　覃一彪
版式设计　郭　莹
出版发行　外语教学与研究出版社
社　　址　北京市西三环北路 19 号（100089）
网　　址　https://www.fltrp.com
印　　刷　北京捷迅佳彩印刷有限公司
开　　本　889×1194　1/32
印　　张　8
版　　次　2022 年 7 月第 1 版　2023 年 12 月第 2 次印刷
书　　号　ISBN 978-7-5213-3654-2
定　　价　48.00 元

如有图书采购需求，图书内容或印刷装订等问题，侵权、盗版书籍等线索，请拨打以下电话或关注官方服务号。
客服电话：400 898 7008
官方服务号：微信搜索并关注公众号"外研官方服务号"
外研社购书网址：https://fltrp.tmall.com

物料号：336540001

总 序

对于"中华思想文化术语"这一名称,有的读者朋友或许有些陌生。实际上,日常生活中很多耳熟能详的词语,像"道""理""气""诚""仁""义""礼""智""信""温故知新""厚德载物""自强不息""和而不同""见贤思齐""得道多助,失道寡助""千里之行,始于足下"等都属于中华思想文化术语。简要地说,中华思想文化术语就是浓缩了中华哲学思想、人文精神、价值观念、思维方式的词语。在几千年的历史长河中,中华民族创造了至今仍为世界瞩目的古代文明,涌现出许多杰出的思想家,而中华思想文化术语就是中国古代思想家对自身、家国天下、天地万物进行探索与思考的成果,是古代思想家用以阐述个人见解并建立思想体系的基石和支点。正是凭借这些术语,先哲们才得以建造出气势雄伟、楼阁高耸、厅室辉映的中华文明大厦。中华思想文化术语凝聚了中华民族的理性智慧与精神基因,也是今人打开古代思想宝库的密钥。可以说,不理解中华思想文化术语,就不可能真正读懂古人、读懂中华民族精神、读懂数千年中华文明史。打个比方，如果不理解"道""有无""无为""道法自然""相反相成""反者道之动"等术语，就很难读懂老庄的思想，也很难读懂魏晋以后的很多文艺作品。

"中华思想文化术语传播工程"（以下简称"术语工程"）即是以整理、诠释、翻译中华思想文化术语为主要目标的基础性文化建设工程。自2014年启动至今，"术语工程"已经整理翻译了文史哲等领域的上千条中华思想文化术语，这些术语或为中华思想文化史上的基本概念，或为古人提出的重要思想命题。也许有读者会问，人类已经进入21世纪，各种新名词、新术语层出不穷，为何还要挖掘、整理这些古代的思想文化术语呢？"术语工程"主要是出于以下几方面的考虑。

第一，"盘点"古人留给我们的精神遗产。人们常说，中华思想文化博大精深，但到底多"大"、多"深"，没有人能说清楚。如果将古人的精神遗产比作矿藏，将"盘点"这些遗产比作探矿，那么，只要持之以恒，终有一天我们是可以探明它的"储量"的。《周易·文言》说"知至至之"，《礼记·中庸》说"诚之者，人之道也"，《论语·子罕》说"虽覆一篑，进，吾往也"，意思是只要不懈努力，终究能达到目标。当然，这个类比不完全恰当，因为形而上的"道"、天地万物的"理"，还有像孔子、老子等伟大思想家的思想，是很难测知它们的边际和深度的，但是古人用以建构思想体系的术语则是可计量的、可探查的。"术语工程"的要旨就是通过探查中华思想文化术语，大致推知中华民族精神遗产的"储量"。在中华思想史上，每一位学者、每一个学术流派、每一个历史时期都有自己的思想文化术语，但"术语工程"要梳理的则是纵贯中华文明史，横跨哲学、历史、文艺等众多领域的术语。对中华思想文化术语作如此全面系统的梳理，在我国尚属首次。通过对术语的梳理，我们可以全面了解中国古人对自身所处自然环境、社会历史、生存状况的认识与思考，体会他们的内心世界和精神追求；同时也可将那些具有普遍意义、代表文化发展方向、符合全人类共同价值的术语挑选出来。所以，梳理中华思想文化术语，也是对中华民族精神遗产进行去粗取精、去伪存真、披沙拣金的过程。

第二，破译中华数千年文明的基因和密码。每一种文明都有其独特的基因和标记，主要体现为不同的哲学思想、人文精神、价值观念和思维方式。中华民族在与大自然长期相互依存又斗争的进程中，在各民族多元一体相互融合的历史中，逐渐形成了不同于世界其他文明的思想轨迹与学术传统，也形成了自己独特的思想观念、民族精神和思维方式。比如，在西方人的观念中，人与自然往往是彼此对立的两极，自然是被征服的对象；而中国古人则一般认为，人是天地万物的一部分，人类社会与天地万物服从于共同的秩序，天地万物的"理"，也是人类社会的"理"，因此，认识了天地万物之"理"，也就认识了自我，同样，反观自我，亦可通天地万物之"理"，尽万物之性，进而可"赞天地之化育""与天地参矣"（《礼记·中庸》）。古人用"太极""道""理""气"等术语说明天地万物的本原和普遍规律，用"太极—阴阳—五行"这样一个理论范式说明天地万物与人类社会形成、变化的过程。宋明理学家基于"心""性""理（道）"同一性的准则，阐发"我"与万物合一的思想。这些与西方人的思维方式是完全不同的。只有把握中国人的思维方式，才能深刻把握中华思想文化的精髓。

第三，为解决世界问题贡献中国智慧。当前，人类面临诸多挑战，如环境恶化、贫富分化、腐败滋生、地缘冲突不断等，这些问题的最终解决需要汇聚全人类的智慧。以儒家思想占主导的中华文明，主张由心性入手，从根本上去除私欲，复归人本有的善性，使言行自觉合于天道。"物有本末，事有终始，知所先后，则近道矣。"（《礼记·大学》）先哲的很多论述对今人仍有启示。像"和""和而不同""和为贵""协和万邦"等术语所蕴含的思想，对于看待和化解人与人、国与国的分歧就有重要参考价值。据《国语·郑语》记载，早在西周末年，郑国史伯就根据日常生活经验与自然规律，体悟到了"和"对于天地万物及人类社会所具有的普遍意义。他对郑桓公说："夫和实生物，同则不继。以他平他谓之和，故能丰长而物归之；若以同裨同，尽乃弃矣。……声一无听，物一无文，味一无果，物一不讲。""和"以差异性、差别化的存在为前提，寻求各种差异、差别的总体均衡，使之和谐并存于一个共同体。"和"是事物得以生长、壮大、延续的生命动力；相反，"同"则意味着同质性或机械的一致，也就意味着事物生命力的终结。在"和""同"之辨的基础上，孔子提出"和而不同"的命题，将自然现象的"和"提升到道德与社会层面来认识，这一理论上的自觉意味着"和"成为中华思想文化的核心观念。"和也者，天下之达道也"（《礼记·中庸》），"和""和而不同"是自然与社会普遍通行的法则，也高度凝聚了中华民族的理性智慧。

第四，为建设当代中国话语体系提供坚实基础。晚清以后，随着西学东渐与近代科技传入中国，儒家占主导的传统话语体系逐渐被西方话语体系取代，无论是自然科学还是社会科学，其基本框架、研究范式及学术话语大都来自西方，对中国传统思想文化的研究与解读也往往运用西学范式和西方话语。新中国成立后，随着改革开放的深入与综合国力的提升，中国日益走近世界舞台的中央，而中国话语体系的建设没有跟上经济发展的节奏，中国的制度、国情、外交、社会关切、价值观念等都有待我们用自己的话语进行解读并及时传达给国际社会。越来越多的有识之士意识到这个问题的重要性与紧迫性。可是，中国话语体系不可能凭空产生，它的话语构成、议题设置、规则建构等都需要从中国传统话语体系中汲取滋养。中国传统话语体系是中华民族对自己的历史传统、人文精神、生存境况、社会现实等许多重大问题的理性概括与理论表述，而中华思想文化术语正是这种理性概括的结晶。梳理中华思想文化术语的目的之一，就是要从浩如烟海的中华典籍中挖掘那些既具中华民族特色又具世界普遍意义的话语，通过对富有民族特色的思想文化术语进行创造性转化和创新性发展，为构建当代中国的话语体系提供坚实的基础。只有建构起中国人自己的话语体系，才能在世界话语体系中占有一席之地，真正实现与西方国家的平等对话。

这是"术语工程"的宗旨，也可以说是最终愿景。而实现这个愿景，可能需要几代人甚至很多代人的持续努力。《尚书·周官》说："功崇惟志，业广惟勤。"《论语·泰伯》说："士不可以不弘毅，任重而道远。"我们每一个中国人都肩负着传承光大中华思想文化的重任。而欲当此重任，必要深透了解本民族的思想文化；而欲了解本民族的思想文化，必由中华思想文化术语启其门径。

为了普及中华思想文化术语,"术语工程"秘书处策划了"跨越时空的中国词"丛书,首批推出《家国天下:修齐治平里的人文情怀》《民惟邦本:民本思想与中国古代政治》《仁者无敌:早期中国的兵家与军事》《有教无类:学以成人的教育理念》《人文化成:礼乐文明的理想指归》五本。由于"术语工程"要兼顾外国普通受众,因此对术语的解释高度概括凝练,很多内容无法展开。相比之下,丛书则有详细阐发的空间。丛书选择中华思想文化史上影响较大的若干术语为主题,用深入浅出的语言全面讲述中华民族的思想观念、思维方式、文化特征,深入阐发每条术语的历史背景、基本含义、思想源流以及当代价值,行文中还穿插很多引人入胜的历史故事,足以激发读者对中华传统思想文化的兴趣并可增慧启智。

因丛书策划之初,笔者有幸读过书稿提纲和部分章节,"术语工程"秘书处领导命我简要介绍一下"术语工程"及丛书概况,故而不揣浅陋写了上面的话,权作我的读后感想。

严学军
2022年3月28日于北京

前言

《汉书·艺文志》[1]记载兵家渊源及其作用曰：

> 兵家者，盖出古司马之职，王官之武备也。《洪范》八政，八曰师。孔子曰"为国者足食足兵，以不教民战，是谓弃之"，明兵之重也。《易》曰"古者弦木为弧，剡木为矢，弧矢之利，以威天下"，其用上矣。

在《汉书·艺文志》的作者班固看来，兵家或许是由古时掌管军政和军赋的司马之官演化而来。据《周礼》记载，司马当为西周始置，可见兵家起源极早。

即便不论作为思想派别的"兵家"，古代中国的军事思想本身也是极为丰富的。"五经"中的《尚书》与《周易》都曾论及"兵"的重要作用。《尚书·洪范》列有"八政"，亦即人主施教于民的八项主要事务，最后一项即为"师"。"师"指军队，也指用兵征伐，立师可抵御寇贼，卫国安民，其重

---

[1] 《汉书·艺文志》是我国现存最早的目录学文献，作者为东汉史学家班固（公元32—92年）。

要性不言而喻。《周易》中有"师"卦，专讲军旅之事。《周易》还提到，古圣先王制木而为弓矢，以威慑天下。此外，先秦诸子同样重视军事的作用，《论语》《孟子》《道德经》等书中都有不少论兵的内容。专门论兵的兵书类文献更是数量庞大，据粗略统计，自先秦至清代，约有四千余种。[1]

就思想内容来说，古代的兵家与军事不仅仅涉及兵法，军事思想、军事礼制、军事知识与技术、相关的文学作品、历史记述等也是其重要内容。本书的写作即围绕这些内容展开，力图生动地向读者呈现古代中国兵家与军事思想中的丰富内容。

如本书书名"仁者无敌"所示，古代中国军事思想的基础在于其中所蕴含的人文情怀。在古代思想家看来，相较于"以力服人"的"霸政"，"以德服人"的"仁政"更加能够安顿百姓、感化人心，因此，战争的目的也就不在于彰显军事实力、侵略别国，而在于施展仁德、达致和平。本书的篇一、篇二即以此为基本内容，首先介绍了中国历史上的王霸之辨与理想政治，进而探讨了中国古代以和平为基本导向的战争观念。

以前两篇中的内容为根基，篇三至篇七从不同侧面介绍

---

[1] 李零：《兵以诈立——我读〈孙子〉》，北京：中华书局，2012年，第3页。

了中国古代的兵家与军事思想：

篇三围绕兵家与兵书展开，介绍了古代兵家的源流与发展、主要代表人物、自先秦至宋代的重要兵书文献及其流传情况，以及近年来出土的若干兵书文献。通过这些内容，读者可对古代中国的兵家与兵书形成有基本了解。

篇四以兵法与阵法为主要内容，介绍《孙子兵法》《孙膑兵法》《司马法》《六韬》等兵书中的经典兵法，并佐以图文，介绍古代军事行动中常用的一些经典阵法，如常山蛇阵、三才阵、五行阵、八阵等。这些内容不仅时常出现在古代文学作品中，也令当代的东西方读者着迷——我们知道，《孙子兵法》是除《周易》和《道德经》之外，在海外广泛流传的中国古代经典。

篇五介绍古代兵家中的"兵阴阳"。《汉书·艺文志》把古代兵家分为四类——兵权谋、兵形势、兵阴阳、兵技巧。所谓"兵阴阳"，可看作是古代巫术、术数等在军事领域的运用与施展，其方法是以阴阳五行结合兵法，并杂以鬼神之说，具体表现为各种门类的军事卜筮，如根据风向而行的风角音律占、观测天象而成的天文星气占，以及传统的龟卜和占筮等等。在古代中国，"兵阴阳"贯穿于军事活动之始终。

篇六介绍古军礼，亦即古代军事活动中的制度、规定与礼法。早期文献中关于古军礼的内容多已亡佚，但我们仍可从殷商甲骨卜辞、古兵书《司马法》、古代文献《周易》与《诗经》中略窥一二。古军礼乃是中国古代礼乐文明的具体体现，某种意义上也是中国兵家与军事思想中人文精神的缩影。

篇七介绍与中国古代军事相关的各类动物，如参与军事活动的战象、战牛、战马等，同时介绍传统武术与养生活动中的动物元素。一方面，这些内容生动呈现了古代中国的军事活动场景，在一定程度上反映了古代军事技术的发展程度；另一方面，武术与养生中的动物元素也彰显了中国古代思想中万物一体、大化同通的宇宙观。

最后两篇分别以"古代中国的侠义精神与侠士""古代中国的勇德与勇士"为主题，从兵家与军事以外的视角展示了中国文化中有关"武"的精神的表达。总体说来，无论是侠士还是勇士，都寄托了古代文化对惩恶扬善、匡扶正义的高尚人格的钦敬与追寻，围绕着侠士与勇士，也产生了大量感动人心的文学作品。

在写作过程中，除却理论知识类的内容，笔者还增加了出土文物、历史叙述、诗歌散文等内容，以期更加具体生动地呈现古代中国的兵家与军事思想，由此带领读者感受这些思想在中国历史与生活中不同维度上的开展与影响。

总之，如书名所示——仁者无敌，无论是在和平年代还是在动荡时期，古代中国对德性的追寻都将为我们注入一股精神力量，使我们不会逐强力而不返，而始终抱有对武力的谨慎与戒惧，以及对人类的温情与敬意。

  本书撰写过程中，也得到"中央高校基本科研业务费专项资金"的资助与支持，在此表示感谢。

崔晓姣

2022年3月10日于北京

目录

篇一 仁者无敌：中国历史上的王霸之辨与理想政治 1
  一、"祖述尧舜、宪章文武"的孔子 4
  二、"仁者无敌"：孟子对"王道"政治的阐发 8
  三、"武王克商"："王道"政治何以可能 12
  四、"王主霸辅"：荀子思想中的王道观念 17

篇二 止戈为武：古代中国的战争观 23
  一、止戈为武 27
  二、"去兵"：孔子的抉择 30
  三、兵者，不祥之器 35
  四、非攻 39
  五、以战止战 43

篇三 以奇用兵：古代中国的兵家与兵书 47
  一、《封神演义》中的"姜太公" 50
  二、概说"兵家"的源流与发展 56
  三、兵家代表人物（1）：孙武、司马穰苴 59

四、兵家代表人物（2）：吴起、孙膑、尉缭　　63
　　五、古代中国的兵书　　70

篇四　上兵伐谋：古代中国的兵法与阵法　　79
　　一、上兵伐谋　　83
　　二、"庙算"与"先知"　　85
　　三、奇正相生　　88
　　四、兵法与阵法（1）　　93
　　五、兵法与阵法（2）　　97
　　六、兵无常势　　104
　　七、天时地利人和　　107

篇五　仰观俯察：古代中国兵家中的"兵阴阳"　　111
　　一、黄帝战蚩尤：上古神话中的"兵阴阳"　　115
　　二、"师出以律"："兵阴阳"中的风角音律占　　120
　　三、"天事恒象"："兵阴阳"中的天文星气占　　125
　　四、"断以筮龟"："兵阴阳"中的卜筮之占　　135

篇六　以礼为固：古代中国的军事与礼制　　141
　　一、概说军礼　　145
　　二、甲骨卜辞中的殷商军礼　　148

三、《司马法》中的周代军礼　　153

　　　四、《周易》《诗经》中的古军礼　　158

篇七　金戈铁马：古代中国的军事与动物　　167

　　　一、黄帝教熊罴貔貅䝙虎　　170

　　　二、火象战与火牛战　　173

　　　三、战马与马车　　178

　　　四、养生与武术中的动物元素　　183

篇八　尚气任侠：古代中国的侠义精神与侠士　　189

　　　一、战国时期的"侠"　　192

　　　二、"侠"之渊源　　194

　　　三、《史记·游侠列传》中的侠士形象　　198

　　　四、侠与剑　　201

　　　五、咏侠诗与侠士文学　　206

篇九　勇者不惧：古代中国的勇德与勇士　　211

　　　一、"勇者不惧"：《论语》中的勇德与勇士　　215

　　　二、"虽千万人，吾往矣"：《孟子》中的勇德与勇士　　220

三、颜渊之大勇：宋明哲学家对"勇"的发扬　225

四、"悲歌易水寒"：《史记·刺客列传》中的勇士　230

余　论　236

篇一 仁者无敌

中国历史上的王霸之辨与理想政治

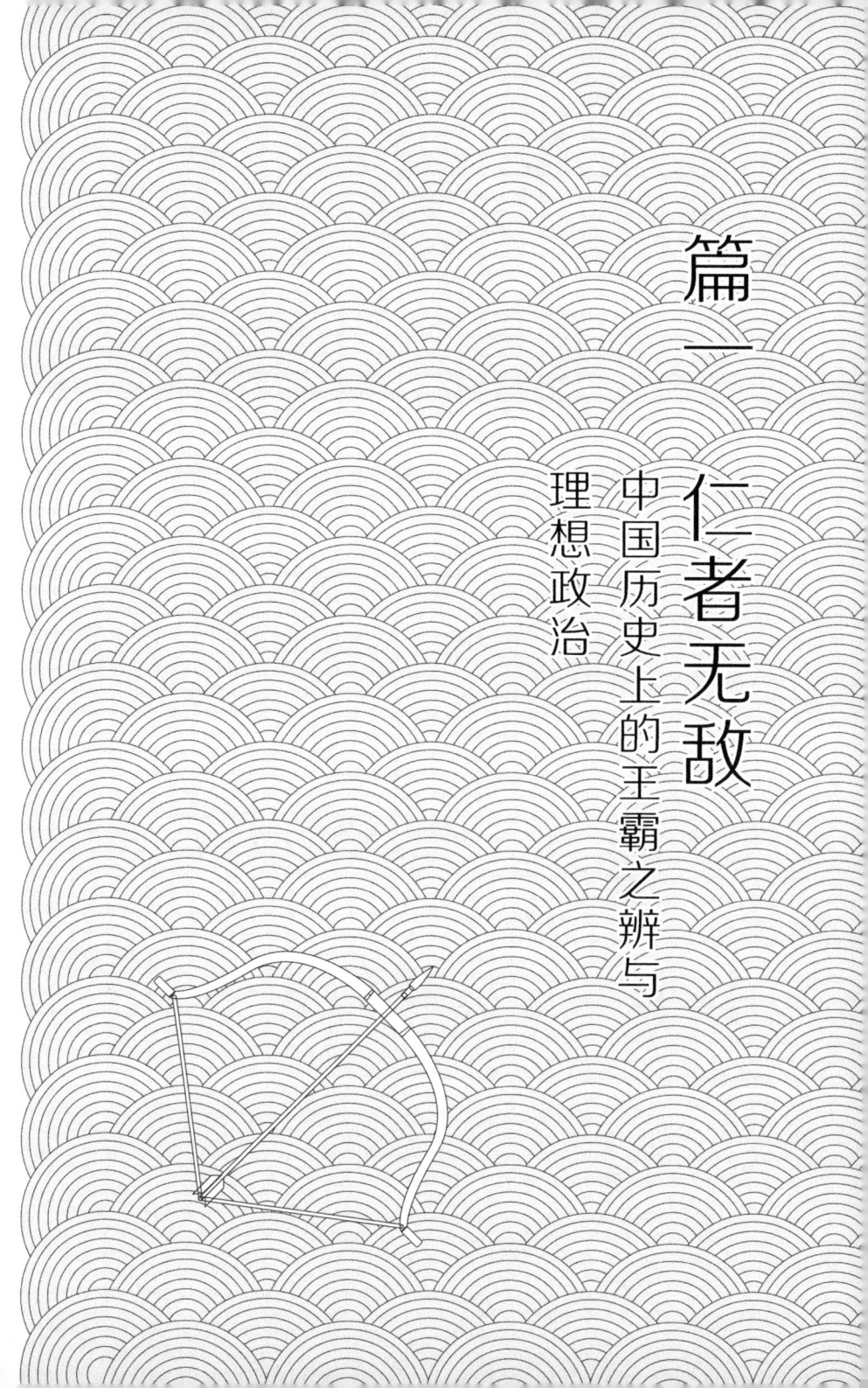

　　在中国古代先哲的思想世界中，何为理想政治无疑是至关重要的问题。中国思想具备鲜明的现实品格，关注人间秩序与社会伦常。中国古代典籍中蕴含着大量关于古圣先王的传说与记述，以及对于理想政治的探索与追寻。总体说来，以儒家为代表的中国古代思想推崇以"仁政"为主要内容的王道政治，主张以德化民、博施济众，注重道德情感与伦理准则在社会政治生活中的作用。孔子对上古三代之圣王及其政治制度的推崇奠定了这样的思想基调，孟子、荀子和秦代之后的思想家们更是延续并发扬了这一人文价值取向。

"祖述尧舜、宪章文武"的孔子

早期儒家经典《中庸》中曾概括孔子的思想旨归曰："仲尼祖述尧舜，宪章文武。"也就是说，孔子遵循尧、舜之道，效法周文王、周武王之制。尧、舜、文王、武王皆为古代圣王，代表着修身爱民、德业宏广的理想人格，孔子愿效法他们的高尚品格，并以他们所创立的礼乐制度为精神家园，由此而推崇以"仁政"为主要内容的王道政治，赞扬以古圣先王与君子为代表的仁人圣者。

孔子（公元前551—前479年）生活于春秋末年，彼时正值社会剧烈变革之际，意识形态的更迭与社会制度的变迁皆呼之欲出。正如古今中外其他许多思想家一样，孔子亦困惑于自身所处的时代。剧变的现实使得他急欲拯救时弊，追寻理想的政治体系及相应的精神内核。孔子意欲追慕夏、商、周三代的政治形态，并寄望于重建西周以来的礼乐文明。在与弟子的对话中，孔子多次表达了对三代政治的向往，以及对古圣先王的赞颂。他称赞尧曰："大哉尧之为君也！巍巍乎！唯天为大，唯尧则之。"赞颂舜和禹曰："巍巍乎，舜禹之有天下也而不与焉！"（《论语·泰伯》）在孔子看来，唯有天是至高至大的，唯有尧能够取法于天；舜和禹虽贵为天子、富有四海，却未曾任乎一己之私。另外，孔子也曾表述对三代尤其是西周之礼乐制度的向往，说："周监于二代，郁郁乎文哉！吾从周。"（《论语·八佾》）意思是："周借鉴夏、商二代而建立了礼乐制度，如此昌盛丰富，我遵从周的制度！"

关于尧、舜、禹等先古圣王的德业、功绩与传说，中国古代经典文献《尚书》《史记》等皆有不少记载。据《尚书·尧典》记载，尧能够昭明大德，使得氏族部落友好和睦、天下百姓和乐亲善。另外，尧还任命掌管天文的官员羲氏与和氏观测天文历象，授民农时，便于农耕。《史记·五帝本纪》提到，尧年迈之时，推贤让能，禅让于舜。舜则以孝道闻名天下，代表着人伦之至。舜的父亲与继母愚顽凶狠，多次和舜的弟弟一起谋划杀害他，舜不仅躲过了劫难，还最终以孝行仁心感化了家人。而据《史记·夏本纪》的记载，禹则受命于舜，"披九山，通九泽，决九河，定九州"，历经十三年治理洪水，并观察山川地理，将天下划分为九州。

孔子对于古圣先王的推崇，首先在于他们的德性和功业，他们乃是孔子心目中理想人格的具体呈现。更为重要的是，古圣先王的德性和功业主要体现在他们所确立并施行的伦理政治制度中。正如上文所说，在孔子那里，这种伦理政治制度主要是指由周公所创设并施行的礼乐宗法制度。其精神内核是以仁义为代表的德性价值，其建构形式是以血缘宗亲为基本纽带的宗法社会关系与政治关系。二者相结合，共同塑造了一个完整的礼乐文明体系，而这正是孔子一生孜孜以求的理想政治制度典范。

孔子曾比较两种不同的政治形态，曰：

> 导之以政，齐之以刑，民免而无耻。导之以德，齐之以礼，有耻且格。（《论语·为政》）

这是说，以政令和刑罚引导、约束民众，民众可免于罪过，但并无羞耻之心；用道德和礼乐引导、约束民众，民众不仅会具备羞耻之心，还能够自觉按照社会规范行事。显而易见，较之于外在的制度法令约束，孔子更认同内在的道德伦理教化在政治世界中的角色与作用。孔子十分看重统治者的德行，也力图以内在的道德情感感化民众。按照孔子的思路，一个内心充溢着道德情感的人，其发乎外的行为举止自然也会合于礼义。反之，如果内在的道德人格不曾挺立与充盈，礼乐制度便只能流于空泛而徒具其表。"人而不仁，如礼何？人而不仁，如乐何？"（《论语·八佾》）说的正是这个意思，如果没有道德情感作为人内在的精神生命，礼乐又当如何发挥作用呢？

孔子对古圣先王与三代以来之礼乐制度的推崇，以及对仁义等道德情感的强调，形成了儒家所追寻的"王道"理想的理论基础。在孔子之后，孟子进一步明晰和区分了"王道"与"霸道"两种政治形态，提出了"仁政"的政治理想。

（二）

"仁者无敌"：孟子对"王道"政治的阐发

孟子（公元前372？—前289年）生活于战国中期。与孔子相似的是，孟子也曾带领弟子游说诸国，宣说自己的政治理想，以期有利于天下。大致说来，孟子承续了孔子对三代政治的向往，力图通过德性与礼乐重建天下秩序。在继承孔子思想话语的基础上，孟子明确区分了"霸道"与"王道"两种政治形态，提出了以"仁政"为主要内容的王道政治。

战国之际，诸侯国之间的纷争愈演愈烈，各国皆欲自保并战胜他国。孟子周游行至魏国时，魏国的国君惠王[1]颇为忧虑地询问孟子说："魏国曾经强盛，天下各国无出其右。而到了我的时代，烽火连年，魏国东败于齐而西降于秦，南边又受辱于楚。我不仅丧失了土地，还失去了长子，感到不堪其辱。我应当如何是好？"

孟子并未向惠王提供任何兵家策略，而是劝说惠王"仁者无敌"。他回答说："面积仅百里的小国尚且可以行仁政而

---

[1] 魏惠王在位之时，魏国国都由安邑迁至大梁，因此，"魏惠王"在《孟子》一书中亦称"梁惠王"。

使得天下归服，何况魏国这样一个大国呢？您若能够施行仁政，减免刑罚，减轻税赋，令百姓深耕细作、勤于农事，使年少的人在闲暇之时修习孝悌忠信等德性……那么，即便是使用木棒，也可以抗击秦军与楚军的坚甲利兵……总之，'仁者无敌'，仁德之人是无敌于天下的。您无须疑虑！"

魏惠王想要战胜秦、楚等强国，而在孟子看来，战胜他国、无敌于天下的关键不在于国土之广阔或武力之强盛，而在于施行"仁政"。大致说来，"仁政"包含对民众生产与生计的具体制度保障。更为重要的是，"仁政"是对统治者品格的要求，以及对百姓德性的化育。德性品格构筑了国家政治的精神生命，是国家强盛的深厚源泉，由此而形成的良善的社会伦理秩序足以使天下归服。

与"仁政"形成对比的是对武力的推崇，孟子将二者分别称为"王"与"霸"。事实上，如上文所说，孔子的思想中已经蕴含了"王道"与"霸道"的分野，并具有"尊王黜霸"的意味。孔子称颂三代圣王的政治治理，并曾数次评价辅佐齐桓公的管仲。只不过，在孔子那里，"王道"与"霸道"的区分尚未完全明确，而到了孟子这里，这种区分变得十分明晰。王霸之辨不仅构成了孟子讨论王道政治的基本视域，同时也成为后世儒家乃至文人士大夫们追寻理想政治的重要人文动机。孟子论述道：

> 以力假仁者霸，霸必有大国；以德行仁者王，王不待大，汤以七十里，文王以百里。以力服人者，非心服也，力不赡也；以德服人者，中心悦而诚服也，如七十子之服孔子也。(《孟子·公孙丑上》)

简单说来，"以力服人"即为"霸道"，而"以德服人"则为"王道"。"霸道"往往只是借助仁义的名义施行武力，以期称霸诸侯，推行"霸道"必须要有强大的国力作为保障；"王道"则以仁义等道德情感为根基，商汤王的国土最初纵横仅七十里，周文王的国土最初仅百里，但他们都因为施行仁政而获得人心归服。总之，"霸道"依赖暴力刑罚，而"王道"诉诸道德教化。只有"王道"能够真正契合人心，使得百姓心悦诚服，并最终化育天下。

另外，必须要指出的一点是，孟子对于"王道"政治的推崇，与他的"性善论"主张是一以贯之的。孟子认为，人都有仁义、礼、智的善端根植于内心之中，人只要能够复归本心、扩充内心本有之善端，善端就会如同燃烧的火苗、流淌的泉源，最终发展成为现实之德性，并影响人的外在行为。"王道"政治也是如此，它发自于圣王固有的仁爱之心，并最终扩充为以德性为基础的政治体系。孟子说：

> 人皆有不忍人之心。先王有不忍人之心，斯有不忍人之政矣。(《孟子·公孙丑上》)

也就是说，人都有恻隐之心。古圣先王有恻隐之心，由此而扩充发散之，便形成以恻隐之心为基础的政治治理。而这样的政治会春风化雨般地感化人心，使得百姓自然而然地归化。同时，它也会激发百姓心中的善端，促使百姓自觉遵守道德，从而形成良善的社会伦理秩序。

对"王道"和"霸道"的区分，以及"尊王黜霸"的思想立场，构成了以孔、孟为代表的儒家乃至整个中国古代思想政治叙事的基本人文动机与思想底色。思想家们怀抱着"王道"的理想，以遥远的三代礼乐文明为精神依托，通过宣说"王道"政治来批判现实、抵御暴力。《孟子》与其他古代典籍中都讲述了不少阐扬"王道"政治的历史事件与寓言故事，"武王克商"便是其中最为重要的历史事件之一。

"武王克商":"王道"政治何以可能

现代哲学研究往往通过严格的论说推理表达哲学观点。相较而言，中国古代哲学的论说与表达形式则更为灵活多样，往往不限于逻辑推理，神话寓言、古史传说、历史事件、哲理对话等都可以是表达哲学观点的有效形式。古代思想家时常会在基本史实中注入故事情节，把哲思义理嵌入其中。《尚书》《诗经》《孟子》《史记》等对"武王克商"的描绘与讨论即是如此。

"武王克商"是中华文明史上最为重要的政治历史事件之一。商与周本来分别为上古时期邦国联盟中的盟主与盟国。据《史记·殷本纪》记载，周武王之时，作为盟主国君的商纣王暴虐荒淫，百姓与盟国饱受其苦。纣王的叔父比干犯颜直谏，却被纣王处以剖心之刑。残暴的纣王对比干说"我听说圣人的心有七窍"，于是剖开比干的心以检验之；商朝另外两位忠臣微子与箕子也不得不逃离或披发佯狂以保全性命。《史记·殷本纪》的这段记载后来在明代的神魔小说《封神演义》中有精彩的演绎。相较于商，作为"小邦"的周则通过施行"王政"而发展壮大,最终击败并取代了庞大的商,成为天下秩序新的统治者。在其中最为关键的"牧野之战"中,周武王带领伐商联军与商军决战于商朝国都朝歌郊外的牧野(今河南新乡附近),纣王的军队无心应战,被一举击溃。纣王仓皇败退,并最终自焚而亡,周由此成为新的天下之主。

"武王克商"标志着早期中国历史上一次重要的政权更替,它的思想意义更在于它乃是兴仁义之师推翻暴政的历史典范。也正因为如此,它的政治思想意蕴不断被历代思想家与经典文献讨论与阐发。《尚书·武成》记载了"牧野之战"的惨烈之状,谓其"血流漂杵",也就是说,伤亡之人的血足以浮起木杵。孟子则质疑了《尚书》的说法,认为武王之所以能够取得胜利,并不在于暴力征伐,而在于施行"仁政"使得百姓心悦诚服。孟子提到,武王伐商之时,带领了兵车三百辆、勇士三千人。按照当时的战争规模,武王的军队远远算不上庞大。然而,未及武王真正开始攻打,商朝的百姓便已归附。孟子说:

> 仁人无敌于天下,以至仁伐至不仁,而何其血之流杵也?……国君好仁,天下无敌焉。(《孟子·尽心下》)

◆ 图为现藏于国家博物馆的西周青铜器『利簋（guǐ）』及其铭文。『簋』流行于商代至春秋战国之时，是盛放食物的器皿，也是非常重要的礼器。『利簋』底部铭文记载了『武王克商』这一历史事件。其文曰：『武征商，唯甲子朝，岁鼎，克昏夙有商。辛未，王在阑师，赐右吏利金，用作檀公宝尊彝。』

在孟子看来，武王这样的"至仁"之人面对商纣王这样的"至不仁"之人时，根本无须使用暴力征伐。通过施行仁政、爱民保民，武王以仁德自然而然赢得了民心，使得天下百姓向往他并归顺于他。当仁政与暴政对抗之时，胜负结果不待多言。归根结底，统治天下的根本不在于武力，而在于君主之德性与民心之向背。如果后世君主能够如武王一样修其德性而施行仁政，就必然会无敌于天下。

孟子甚至还提到，上古圣王商汤伐夏之时，征讨至南方，北方的百姓便会有怨言；征讨至东方，西方的百姓便会有怨言。大家纷纷问："汤王为什么不先到我们这里来？"言下之意是，四方百姓都盼望着汤王的仁德能够尽快泽及自己所处的地方。

关于百姓对武王的接纳，孟子评论说：

> 征之为言正也，各欲正己也，焉用战？（《孟子·尽心下》）

这是说，"征"的意思其实是"正"，人人皆欲端正自身，又何须发动征战呢？中国古代典籍时常使用同音互训的方式巧妙地阐发思想，孟子用"正"字来训"征"即是如此。在孟子看来，"征"主要不是政治层面的武力征伐，而是德性维度的"正己"，是对个体道德修养的要求与期待。武王德高为范，能够感化百姓，教导他们发扬本有的善性、反躬正己。在这样良善的道德伦理规范与相应的社会行政准则下，天下之人自然会归附。因此，像武王这样的人，无须征战便会化成天下。而即便征战，也会无敌于天下。"武王克商"可以说是顺天而应人。《论语·颜渊》曾提到"政者，正也"，讲的也是同样一层意思。

四

"王主霸辅"：荀子思想中的王道观念

在孔子和孟子的理解中，"王道"是绝对优于"霸道"的。孔孟的思想中都蕴含"尊王黜霸"的意味，认为统治者应当施行仁政、追寻"王道"理想，而不以"霸道"为目标。在孔子和孟子之后，儒家的另一位代表思想家荀子（公元前313？—前238）同样留意于王霸之辨。与孟子相似的是，荀子也曾论及"武王克商"，并同样认为《尚书》的记载夸大了这场战争的惨烈程度。荀子认为，"武王克商"乃是"以仁义之兵行于天下"，故而甚至能够"兵不血刃"使得四方咸服，并不需要动用武力。[1]

不同于孔孟的是，荀子虽同样推崇"王道"，但他对王霸之辨的理解少了几分"尊王黜霸"的意味，而主张"王主霸辅"。荀子对于"霸道"的肯定，具体体现在他对"春秋五霸"之首的齐桓公及其佐臣管仲的评价中。荀子谓：

---

[1] 详细讨论见《荀子·议兵》："是以尧伐驩兜，舜伐有苗，禹伐共工，汤伐有夏，文王伐崇，武王伐纣，此两帝四王，皆以仁义之兵行于天下也。故近者亲其善，远方慕其义，兵不血刃，远迩来服，德盛于此，施及四极。"驩：音huān。

> 夫齐桓公有天下之大节焉，夫孰能亡之？倓然见管仲之能足以托国也，是天下之大知也。……其霸也，宜哉！非幸也，数也！(《荀子·仲尼》)

在荀子看来，齐桓公乃是知人善任的霸主，而管仲则为足以托付天下的能臣。齐桓公掌握了治理天下的关键，成就霸业是理所当然、切合时宜的，而非侥幸或运气。

荀子认为，"霸道"虽不及"王道"，但二者之间的差别并不是绝对的价值区分。"霸道"仍然不失为一种比较好的统治模式，可以作为王道政治的辅助或补充。他说：

> 君人者，隆礼尊贤而王，重法爱民而霸，好利多诈而危，权谋、倾覆、幽险而尽亡矣。(《荀子·天论》)

这是说，若君主能够推崇礼义、敬重贤良，则可以称王天下；若君主能够注重法则、爱护民众，则可以称霸诸侯；若君主喜爱财力、多用伪诈，其统治将岌岌可危；若君主玩弄权谋、阴暗险恶，则国家亡在旦夕。显而易见，相较于后两种统治模式，"王道"和"霸道"在荀子的价值序列中都可以归为较好的治理方式，都可以使得国家安定富强。

前文中曾提到，在孟子看来，"霸道"的主要内容是"以力服人"，亦即武力征服。较之于孟子，荀子在诠释"霸道"

时加入了新的正向价值内涵，除了武力，"霸道"还包含对法令的遵从和对民众的爱护。因此，荀子并不像孟子那样贬斥"霸道"，而是认为"霸道"也有可取之处，"王道"和"霸道"的差别只是程度上的差异；"霸道"作为"次好"的治理方式，可以作为"王道"的辅助或补充。在"王道"不易推行之时，"霸道"也不失为一种可行之策。《荀子·王霸》一篇提到：

> 故用国者，义立而王，信立而霸，权谋立而亡。

所谓"义立而王"，是指奠基于道德价值则可成就"王道"；所谓"信立而霸"，则指以信治国、言出必行、赏罚分明，在荀子看来，这样也能够凝聚民心，并最终成就霸业。除上述内容外，《荀子》一书中还有不少肯定"霸道"之现实价值的表述，如"王者富民，霸者富士"（《荀子·王制》）、"尊圣者王、贵贤者霸"（《荀子·君子》）等。

总之，荀子虽然认同"王道"优于"霸道"的价值定位，提倡以"王道"为政治世界的理想形态，但同时也认可"霸道"在现实政治层面的可行性，认为"霸道"可作为"王道"的现实补充。在春秋末年以及战国时代诸侯纷争的历史背景下，"王道"更像是某种遥不可及的理想政治图景。孔子说为政首先需要"正名"，亦即使得君臣父子各依据其道德准则和角色规范行事,他的弟子子路驳斥说"子之迂也"(《论语·子路》)——老师您太迂腐了!孟子也曾因宣说"仁政"而被梁惠王评价为"迂远而阔于事情"(《史记·孟子荀卿列传》),意即不合时宜、过于理想化。乱世之中,各诸侯国以自保和胜敌为要务,"王道"理想显得可望而不可即,"霸道"似乎更具可行性。而荀子的"王主霸辅"无疑提供了另外一种思路——由"无道"到"霸道",再最终实现"王道",这是否可能成为更加切实的政治策略呢?

总体说来,自孔子至孟子、荀子,乃至秦代之后的历代思想家,"王道"政治始终是中国古代政治哲学所追寻的理想政治形态。时移世变,"王道"的具体内涵也不断得以丰富,而作为其精神内核,以仁义为代表的德性价值始终贯穿其中。"王道"不仅是中国古代政治制度的理想图景,它同时也统摄了中国古代内政外交的具体方略。中国古代的军事思想与兵家方略同样贯注着"王道"的德性内涵与价值关怀,尚"德"而不尚"力",重视生命并崇尚和平。

文化关键词

霸道

霸者之道,指凭借武力与强权手段进行统治(与"王道"相对)。春秋时代,周王室式微,有的诸侯凭借自己的强大实力,操纵周天子和其他诸侯,维持秩序,成为诸侯领袖(初写作"伯",后来写作"霸")。他们的统治原理或政策,被称为"霸道"。它不重仁义道德,而重功利强权;不是以德服人,而是以力服人;不重文的感化,而重武的压迫;不使人怀德而使人畏威,甚至只顾本国利益,不顾他国苦难。中华民族崇文而不尚武,自古提倡"王道",贬斥"霸道"。此为今日中国反对霸权主义、反对强权政治的历史文化渊源。

仁者无敌

具有仁德的人是无敌于天下的。"仁者"指具有"仁德"的君主或施行仁政的国家。"仁德"在政治层面表现为"仁政",以仁爱作为施政的依据和出发点,善待民众,慎用刑罚,减轻赋税,最大限度地惠及百姓。如此才能赢得民众的拥护，上下一心，众志成城，无敌于天下。其基本原理是：国家强盛的深厚源泉在于赢得民心，只有善待百姓，才能获取这一源泉。

王道

儒家提倡的以仁义治理天下、以德服人的政治主张（与"霸道"相对）。上古贤明帝王多以仁德治国，至战国时代孟子将其提升为政治理念，提出国君应当以仁义治国，在处理国与国之间的关系时要以德服人，这样才能得到民众拥护，统一天下。它是中华民族崇尚"文明"、反对武力和暴政的具体体现。

篇二 止戈为武

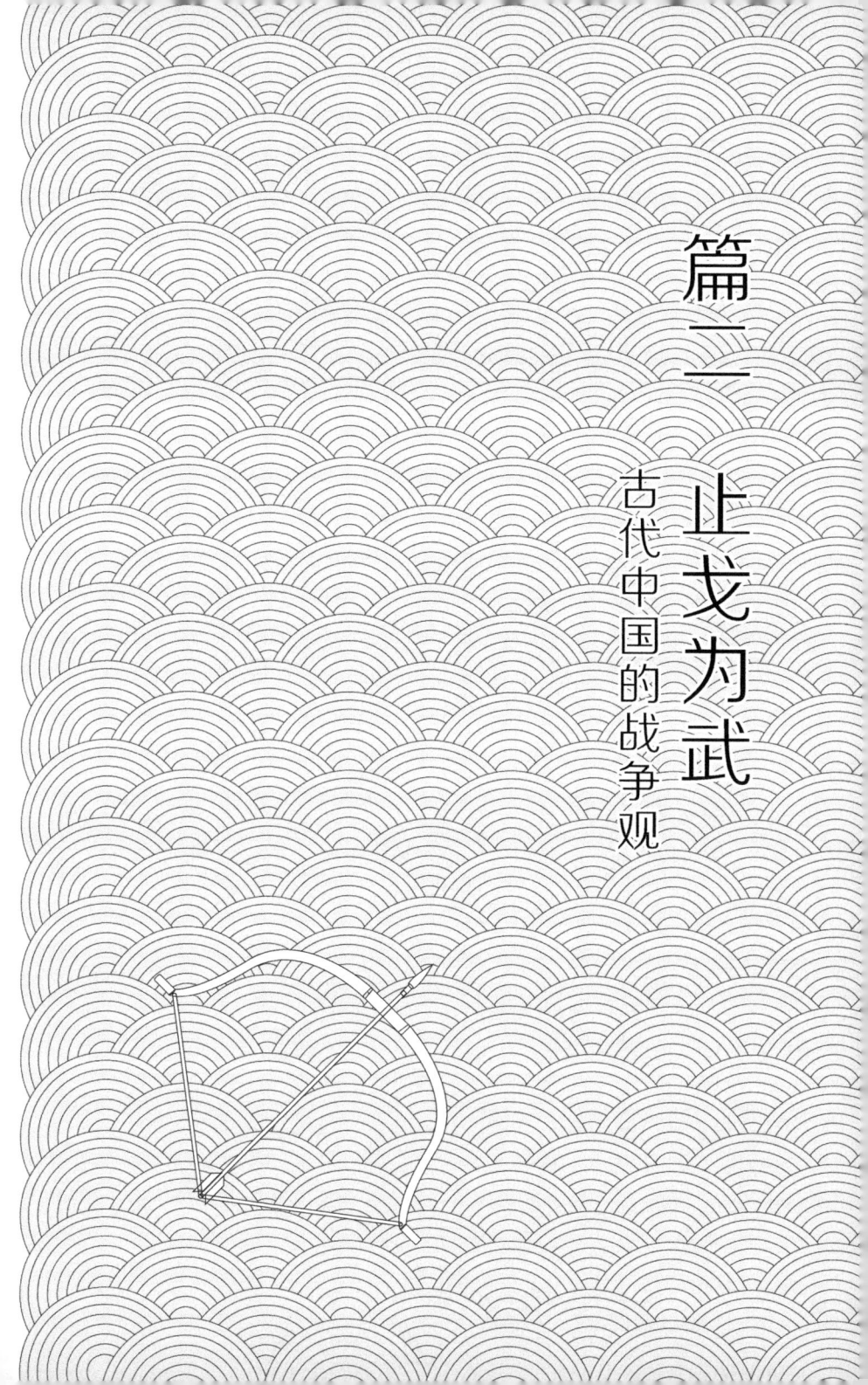

古代中国的战争观

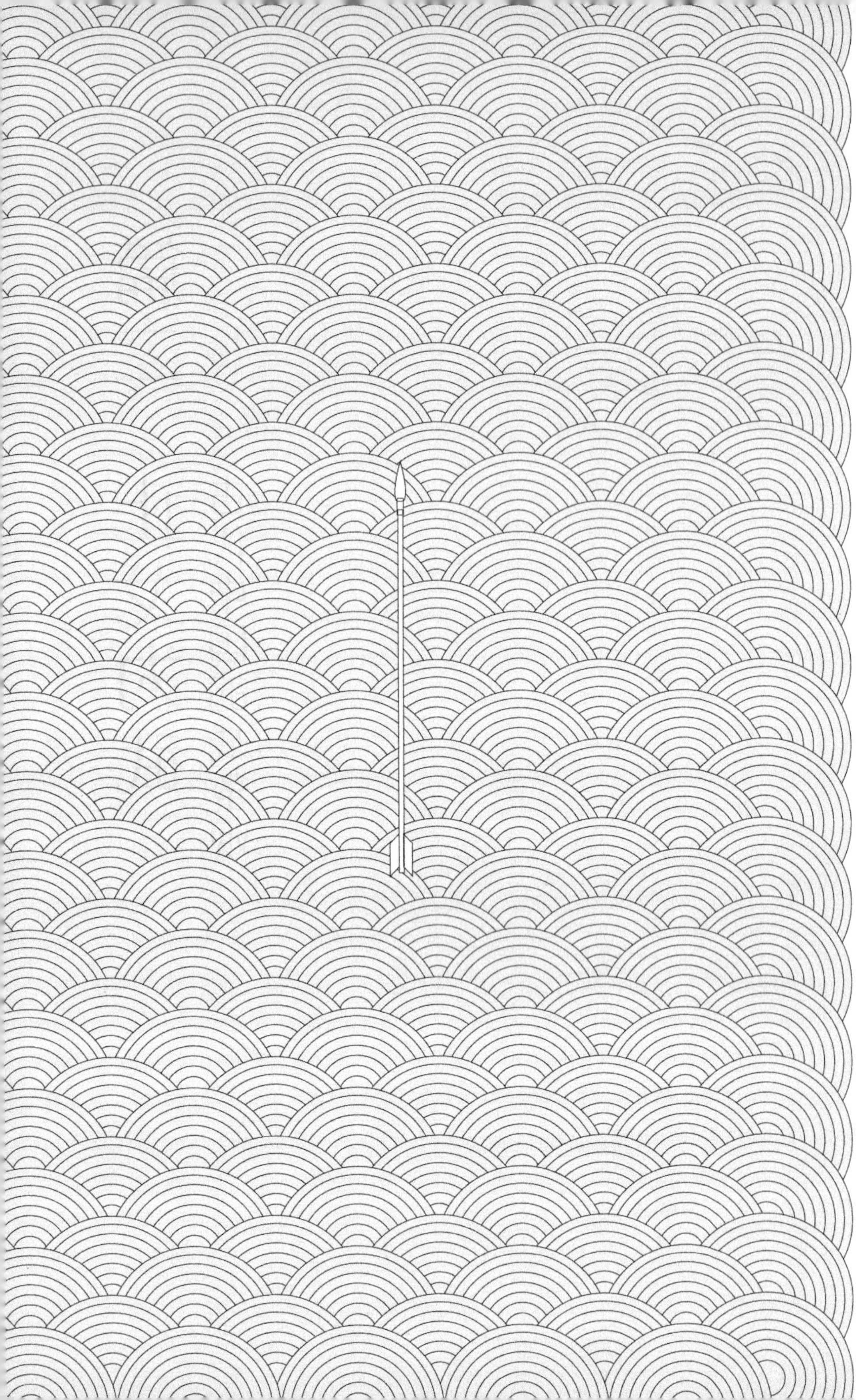

在人类文明的演化史与民族国家的发展史中，"战争"始终是一个与"发展"相伴相生的主题，古今中外皆是如此。《左传》曾提到："国之大事，在祀与戎。"意思是说，对于一个国家而言，最重要的事情便是祭祀与军事。古人认为，通过祭祀，国家将会得到神灵和先祖的佑护，而强大的军事实力则在现实层面切实保障了国家太平与人民安乐。也因此，中国古代典籍文献中关于军事和战争的论述屡见不鲜。然而，与一些尚武的文明有所不同的是，中国文明基于人本主义的价值取向，虽重视军事与武略，但从根本上来说是崇尚和平、反对战争的。即便是不得已进行战争，目的也一定是"以战止战"[1]，亦即通过战争止息战争、达至和平。

---

1 语出《司马法·仁本》："古者，以仁为本，以义治之，之谓正。……以战止战，虽战可也。"也就是说，如果是以"仁"为出发点、以"义"为约束，那么，发动正义的战争来制止或消弭非正义的战争，并无不可。

◆战国时代的青铜戈

一

止戈为武

春秋战国之际，战乱频仍，各诸侯国争斗不息。鲁宣公十二年（公元前597年），楚国攻郑，晋国派兵援救，两军对垒于邲（今河南郑州北）。最终，楚军击溃晋军夺得了战争的胜利。楚军将领潘党由是建议楚庄王利用晋军士兵的尸体炫耀楚国之武力，昭示子孙。楚庄王作为春秋五霸之一，一生亲率戎马，征战无数。然而，对于潘党的建议，他却回答道：

非尔所知也。夫文，止戈为武。（《左传·宣公十二年》）

中国的古汉字，象形指事而可会意。楚庄王对"武"的理解正是这样。在他看来，"武"的字形正是对其意涵最好的表达与诠释——"止戈为武"。"止"即为止息、停止；"戈"是中国古代一种兵器，借指战争。顾名思义，止息战争方为"武"。也就是说，"武"所指示的不仅仅是干戈军旅之事，这些不过是"武"的外在表现形式；更为重要的是，"武"的内涵在于止息干戈、禁暴正乱、达至和平。

楚庄王进而论及"武"之"七德"：

> 夫武，禁暴、戢兵、保大、定功、安民、和众、丰财者也。（《左传·宣公十二年》）

"七德"之中没有任何一条赞颂武力、宣扬杀敌制胜。在楚庄王看来，"武"的意义不在于施行暴力，而在于止息暴力；不是为了穷兵黩武，而是为了止戈兴仁，并最终巩固功业、安邦利民、和顺百姓、丰裕资财。

"止戈为武"的说法后来被许多文献沿用。例如，东汉文字学家许慎在《说文解字》中便直接引述了楚庄王之言，谓："楚庄王曰：'夫武，定功戢兵，故止戈为武。'"《汉书》也曾提到：

> 是以仓颉作书，"止""戈"为"武"。圣人以武禁暴整乱，止息干戈，非以为残而兴纵之也。

按照《汉书》中的说法，仓颉在造字之时将"止""戈"二字合而为"武"绝非任意为之，而是有意识地为"武"注入了某种深切的人文关怀或价值取向。"武"不应当是暴力的狂欢之所，而应当是其终结之处。"武"的目的绝不是杀戮，而是护生。"武"应当为圣人所用，用以禁止残暴、平定动乱、止息战争。

"止戈为武"虽然未必为"武"字造字之本义[1]，却道出了中国人自古至今对战争与武力的基本态度。中国古代思想中蕴含着大量与军事和战争相关的内容，然而，中国古代是"重武"而不"尚武"的。纵观中国历史，无论是才高识远的思想家、政治家、军事家，还是精深微妙的军事著作，所传达的都不是对武力或战争的推崇，而是对其所蕴含的人文精神的探寻。换言之，强大的武力从来都不是人们顶礼膜拜的对象；反之，作为"武"之内在精神底蕴的仁德才是人们孜孜以求的。武力本身仅作为某种手段或形式而存在，其最终目的在于惩治不轨、彰显文德，从而使得国家兴旺昌盛、人民安居乐业。

总之，"武"的灵魂在于"止武"，战争的意义在于"反战"，这是中国思想一直以来绵延不息的人文价值。

---

[1] 也有学者认为，在甲骨文中，"武"字的"止"为"趾"，指的是人的脚，引申为行走。"止戈为武"则表示人持戈行进，准备战斗。

二

"去兵"：孔子的抉择

《论语·颜渊》记载了孔子与弟子子贡关于政事的一则对话。子贡向老师请教为政之道，孔子回答道：

> 足食，足兵，民信之矣。

孔子提到了治理政事的三个要素——充足粮食、充足军备、使百姓充满信心。孔子认为，家家户户丰衣足食，国家军事实力强盛，则足以攘外安内、保家卫国，而这也正是民心之所向、众望之所归。在这里，孔子明确肯定了军事实力的重要性，它与物资和民心同为治国安邦的必要条件。

那么，粮食、军备与民心，这三者是否有轻重之别呢？子贡对此提出了疑问：

> 子贡曰："必不得已而去，于斯三者何先？"曰："去兵。"
>
> 子贡曰："必不得已而去，于斯二者何先？"曰："去食。自古皆有死，民无信不立。"

子贡问老师："如果迫不得已，一定要在上述三者之中去除一项，应该先去除哪一项呢？"孔子首先便选择了去除军备。"那么，如果迫不得已，必须在粮食和人民的信心之间做出选择呢？"子贡进一步追问。孔子回答道："去食。"在"食"与"民信之"之间，孔子宁愿放弃"食"也不愿失信于民——自古以来，人皆有一死，而若人民丧失了信心，则国家无以立足。

子贡的两次提问皆曰"必不得已而去"，足以见得"兵""食""民信之"三者之于治国的重要意义。若非迫不得已，军事实力、物质财富和民心归向三者缺一不可。强大的军事实力可以抵御外敌，保护国家免受侵伐；"食"所代表的生活物资则可保障人民丰衣足食、安身立命；然而，在孔子看来，较之于"兵"与"食"，"民信之"才是为政之本。政治之秩序必须合于民心之纲维，若失信于民，则君不得而王、国不得而治。而民心的获得别无他法，唯有统治者孜孜不倦地施行仁政、德泽天下，保障人民安居乐业，使得老者有所养、少者有所安。

进一步来说，若统治者能够施行仁政、获得民心，则许多战争本身便是可以避免的，无须动用甲兵舟车争斗；即便遭遇外敌侵犯，战争的发生如箭在弦，民众的支持也足以帮助国家免除祸患、赢取胜利。因此，当"兵""食""民信之"三者不可兼而有之时，与其偏于外在之"兵"与"食"，不

俎豆礼容

孔子五六岁时
兒嬉戏常
设礼容与同陈俎豆
兒迎天其军
性不学而能也由
是雅兒化效相与
揖譲名闻列国

◆ 据《史记·孔子世家》记载，孔子幼时嬉戏便曾「陈俎豆，设礼容」。图片选自《孔子圣迹图》。

如偏于内在的仁心仁政以获得民心。孟子曾提到"威天下不以兵革之利,得道者多助,失道者寡助"(《孟子·公孙丑下》),说的也正是这个道理。

另外,《论语·卫灵公》还记载了孔子与卫国国君卫灵公的一次会面。在这次会面中,曾被孔子斥为"无道"之君的卫灵公一见到孔子,便向他请教排兵布阵之法。孔子回答说:

俎豆之事,则尝闻之矣;军旅之事,未之学也。

"俎"和"豆"是古代祭祀、宴飨时用来盛放祭品或食物的两种礼器,孔子用它们来指代各类礼乐活动。"礼乐相关的事,我还是懂一些的;但用兵打仗之事,我未曾学过",孔子如是回答卫灵公。显而易见,卫灵公汲汲以求的是侵凌伐战、克敌制胜,而孔子忧心的是礼崩乐坏、天下纷乱。道不同不相为谋,在会面的第二天,孔子便离开了卫国。

《孟子》也曾记述说"仲尼之徒无道桓、文之事者"。这是说,孔子及其门人不曾谈论齐桓公与晋文公。齐桓公曾九合诸侯、一匡天下,为"春秋五霸"之首;晋文公亦曾图霸中原而称霸诸侯。总之,两人皆骁勇善战,成就了一时之霸业。即便如此,孔子并未对他们表达出丝毫的赞许或颂扬,而是选择了完全避而不谈。某种意义上来说,这是否可以看作孔子有意忽略呢？翻阅整部《论语》，我们不难发现，孔子及其门人忧心于礼乐之不传、德性之衰微，而从未属意于铁马金戈、兵甲之利。"无道桓、文之事"自然也并不让人意外了。

总之，注重人文价值而拒绝武力崇拜，这是孔子乃至整个中国思想传统对于武力的基本立场。即便是肯定军事装备的重要意义以及特定战争的合理性，也仍然是"以人为本"，以和平为最终目标的。在中国思想中，武力或战争本身从来都不是崇拜或歌颂的对象。

三

兵者，不祥之器

除了《论语》中记载了孔子对于战争或武力的保留态度，不少其他典籍文献亦明确将"兵"称为"不祥之器"或"凶器"。例如：

> 凡兵，天下之凶器也；勇，天下之凶德也。举凶器，行凶德，犹不得已也。举凶器必杀，杀，所以生之也。行凶德必威，威，所以慑之也。（《吕氏春秋·论威》）

中国文化历来注重世间万物的生成与化育。《周易》说"天地之大德曰生""生生之谓易"，认为天地的宏大德泽在于使万物化育流行、生生不息。而在《吕氏春秋》看来，用兵打仗必定会直接导致杀戮，因此，"兵"乃是一种"凶器"，不到迫不得已，不应轻动干戈、轻易发动或参与战争。即便迫不得已而兴兵动武，"杀"也只是保障或成就"生"的一种手段，其目的在于禁暴除乱、安国保民。

《吕氏春秋》拒斥暴力、将"兵"视作"天下之凶器"，这样的思想有其渊源。更为早出的《道德经》一书中已经有不少反对战争、奉劝君主谨慎用兵的言论。有学者曾提出，

《道德经》这部书与古代兵家可能存在某种思想关联，但总体说来，它是主张限制战争，乃至消解战争的。

《道德经》第三十一章讲到：

> 夫佳兵者，不祥之器，物或恶之，故有道者不处。君子居则贵左，用兵则贵右。兵者，不祥之器，非君子之器。不得已而用之，恬淡为上，胜而不美。而美之者，是乐杀人。夫乐杀人者，则不可得志于天下矣。

在这里，"兵"被称为"不祥之器"，亦即《吕氏春秋》中所说的"凶器"。因其对生命的戕害，人们都厌弃它，有道者也不使用它。另外，古人一般认为，"左"为阳、为生，"右"为阴、为杀。《诗经·小雅》里有"左之左之，君子宜之。右之右之，君子有之"的诗句，《毛传》在注解此句时提到："左阳道，朝祀之事。右阴道，丧戎之事。"也就是说，"左"为阳，朝见与祭祀等吉礼应当居左；"右"为阴，丧礼与征伐等凶礼应当居右。也因此，君子平日居处贵左，征战用兵则贵右。即便不得已而用兵，也应当谨记战争杀戮残害的实质，遵循恬淡无为的原则。就算打了胜仗也不能洋洋自得，否则便等同于以杀人为乐事了。以杀人为乐事者，是不可能最终统治天下的。

《道德经》第三十一章进而提到：

杀人之众，以悲哀泣之，战胜以丧礼处之。

战争杀人众多，败阵者伤残累累、家破人亡；即便是获得胜利的一方，付出的代价也极为惨烈。因此，当不得不面对战争时，应该以哀痛的心情参加，战胜也要以丧礼的仪式去对待战死的人。说到这里，《道德经》对"兵"与战争的反对态度可谓跃然纸上了。无论基于何种理由发动战争，随之而来的都必定是暴力与残杀，这是对生命本身的残害。因此，以"道"辅佐君主的人，是不会用武力来强取天下的。在此，《道德经》以宏阔高远的视角，表达了对生命本身的尊重与珍视，以及对人类命运的深切责任感。如前文所述，《周易》认为"天地之大德曰生"，即天地最大的美德在于孕育万物，并承载、维持生命的延续。对生命的肯定与珍视乃是中国古代思想的特色之一，在这样的思想关怀之下，老子反对战争、将"兵"视为"不祥之器"也是自然而然的了。

再者，我们知道，"道"是《道德经》这部书的核心思想范畴。"道"生成万物，并秉着"无为"的原则养育万物。"道"保障万物自然而然的生成发展，并最终成就万物本来的自然状态。从这一角度来说，战争不仅是对万物自然状态的干扰，更是对万物的戕伐与残害。可以说，战争与道"无为"而长养万物的原则正相违背。因此，《道德经》一书中特别提到"以道佐人主者,不以兵强于天下,其事好还"。也就是说,以"道"为原则来辅佐君王的人,是不以兵力逞强于天下的,穷兵黩武最终必定自食恶果。总之,基于对个体生命的尊重,以及对天地万物的关爱,《道德经》明确将"兵"斥为"不祥之器",表现出了鲜明的反战色彩。

四

非攻

较之于以孔子为代表的儒家和以老子为代表的道家对军事战争的态度,墨家的看法更进一步,明确提出了"非攻"的军事主张,以反对攻伐。据史书记载,墨家学派的创始人墨子(公元前468?—前376年)出身低微,曾为小手工业者。因此,战争纷繁之时,墨子极能体察人间疾苦,同情百姓遭遇。在《墨子·非攻》中,墨子深切地描述了各国争斗不休所导致的种种恶果与惨象。首先,攻城略地必然伴随着杀戮与残害,少则几千人,多则数万人;再者,战争必然耽误农时、侵犯土地,使得百姓食不果腹、流离失所。墨子因此主张"兼爱"与"非攻",认为人与人、国与国之间应当互敬互爱,"视人之国若视其国,视人之家若视其家,视人之身若视其身",而不应相互侵伐。然而,在春秋战国的危局之下,即便倡导兼爱与和平,他国来犯也时常是无可避免的。墨家由此而创造出精巧复杂、牢不可破的守城工事,我们现在耳熟能详的成语"墨守成规"即出自墨家善于守城的典故。

据《墨子·公输》记载,战国之时,楚国欲攻打宋国。鲁班特意建造了云梯以助楚攻宋。墨子得知后,步行十天十夜到达楚国的国都郢,力图劝阻鲁班攻宋。然而,鲁班并未听从墨子的劝阻,还说已经向楚王禀告过建造云梯之事,攻打宋国已是离弦之箭。墨子于是觐见楚王,楚王虽叹服墨子反对攻宋的理由,但仍决定借助云梯攻打宋国。无计可施的墨子只好决定当场与鲁班一决高下,比试二人制造的器械。墨子解下腰带,围作城墙的样子,然后用小木片作为守城的器械。鲁班九次陈设器械以攻之,墨子九次皆抵御住了鲁班的进攻。最终,鲁班的攻城器械用尽,而墨子的守御战术却还有余。无计可施的鲁班却对墨子说:"我知道有什么办法可以对付你了,但我不说。"楚王不解,墨子解释道:"公输盘的意思,不过是要杀了我,这样宋国就没有人防御了。但是,我的弟子禽滑釐等三百人,已经手持我守城用的器械,在宋国的都城上等待楚君呢。即使杀了我,守御的人也是杀不尽的。"楚王听后最终放弃了攻打宋国的念头。

兵戎相见、干戈满地之时,墨子反倒对战争更多了一份清醒的体察。相对于攻伐可能带来的微小利益,墨子更痛惜战争带给劳苦大众的伤害。因此,当各国汲汲于攻伐侵略之时,墨子力倡"非攻",并在实际的军事活动中重视防御,绝不主动侵犯他国。防御的目的不是其他,而是要保护民众免受战乱之苦,让他们安居乐业。

与儒、道两家较为不同的是,墨子主张"兼相爱,交相利"。在墨子看来，天下一家，因此，人们应当在社会关系中照顾彼此的利益。这既是"兼爱"的目的，也是最大的"义"；反之，损害他人利益则是"不义"的。墨子之所以反对战争，也正是在于战争于义不可，于利无得。《墨子·非攻》提到：

> 今有一人，入人园圃，窃其桃李，众闻则非之，上为政者，得则罚之。此何也？以亏人自利也。……今至大为攻国，则弗知非。从而誉之，谓之义。此可谓知义与不义之别乎？

在墨子看来，正如入人园圃盗人桃李一样，战争也侵害了他人的利益，且程度最甚，为天下之大害。若要为天下兴利除害，便必须废止战争，倡导"非攻"。唯其如此，人们方可自利利他、安居乐业。

另外值得注意的是，墨子虽提倡"非攻"，但并非一味反对战争。大体说来，墨子区分了两种不同类型的战争——"攻"与"诛"。"攻"主要指非正义的战争，而"诛"为出于正义目的的战争。《墨子：非攻》中记载，曾有喜好攻伐的君主故意诘难墨子道："从前大禹征讨有苗、汤讨伐桀、周武王伐纣，但他们都被立为圣王，这如何解释呢？"墨子回答说："您没有分清我提到的攻战的类别，所以才会有这样的疑问。大禹、汤、武王的讨伐应当称之为'诛',而非'攻'。"在墨子看来,大禹、汤和武王的攻伐都是替天行道,是以诛暴讨乱、安国保民为目的的,而不是为了争权夺利、侵人国土或残忍嗜杀。他们对暴虐无度者的讨伐应当称为"诛",而非以征伐为目的的"攻"。由此可见,墨子对正义的战争是认同的。

五

以战止战

如前文所示，中国古代思想家们对于战争的态度乃是百虑一致、殊途同归的，崇尚和平、反对战争是共同的人文关怀与思想主题。当然，正如墨子对"诛""攻"二者的分殊所体现的，基于对民众安危与家国命运的关注，中国古代的思想家们并不是一味否定战争，以维护和平、保家卫国而不得不进行的战争未曾被否定。春秋时期的重要军事著作《司马法》一书曾提到：

故国虽大，好战必亡；天下虽安，忘战必危。

也就是说，国家即便强大，如果热衷于战争，必然会灭亡；天下虽然安宁，但如果忘记潜在的战争威胁，必然会使自己处于危险境地。《司马法》进而提到天子"春蒐秋狝"[1]、诸侯"春振旅"而"秋治兵"，意即天子在春秋两季通过打猎进行军事演习，各诸侯国在春秋两季整顿军队、进行军事训练，这些行为都是为了不忘战争的存在，做到有备无患，在危难之际保障家国安宁、保全民众。

---

1 蒐，音sōu，指春猎；狝，音xiǎn，指秋猎。

而兴兵开战则必须有正当的理由。唯其如此，军队才可能士气旺盛、富有战斗力，否则必将自食恶果。《礼记》说"师必有名"，《汉书》谓"兵出无名，事故无成"，《左传》谓"师直为壮，曲为老"，皆旨在强调战争的正义性及其背后的人文取向。《司马法》中则有"以战止战"的说法——"古者，以仁为本，以义治之，之谓正。……以战止战，虽战可也"，阐明了治国与治军应当以仁义等道德准则为根本依据，战争的目的应当是制止暴虐、止息战争、换取长久的和平。另外，若不得已而战，其理想形式也应当是"兵不血刃"而平治天下，正如中国古代另外一部重要兵书《尉缭子》所言：

> 凡兵不攻无过之城，不杀无罪之人。……兵之所加者，农不离其田业，贾不离其肆宅，士大夫不离其官府，由其武议在于一人，故兵不血刃，而天下亲焉。

不仅战争不应殃及无过之地、残杀无辜百姓，而且在那些被讨伐的国家，百姓甚至应当能够一如往常安居乐业，士大夫也仍可居于官府。事实上，用兵的目的只在于惩罚罪魁祸首，所以，不殃及无辜、不血流漂橹也可以得到天下的信服与归顺。

总之,"以德为本"的人文精神不仅构筑了中国文化的思想底色,同时亦贯穿于中国传统的军事思想与文化中。在传统中国思想中,军事的灵魂绝不在于兵器之尖锐、武力之强大,而在于以人为本、仁民爱物的宏阔人文情怀。军事与战争的目的不是征服或侵占,而是止息冲突、调和上下,最终使得百姓昭明、万邦谐和。

文化关键词

非攻

反对、禁止不义的战争。"非攻"是墨家的基本主张之一。墨家认为，违反道义的攻伐战争有着严重危害。不仅被攻伐的国家遭到极大破坏，发动战争的国家也会因战争造成大量的人民伤亡及财产损失，因此应该禁止不义的战争。墨家也通过实际的行动反对并阻止国家间的相互攻伐，并研究了用以防御攻伐的战术、器具。

止戈为武

能制止战争、平息战乱才是真正的武功。这是春秋时代楚庄王根据"武"字的字形提出的著名的军事思想。"止"即止息；"戈"即武器，借指战争。将"武"释为止战，既符合以形表意的汉字文化特质，也表现了中国人以武禁暴的军事政治观及崇尚和平、反对战争的文明精神。

篇三 以奇用兵

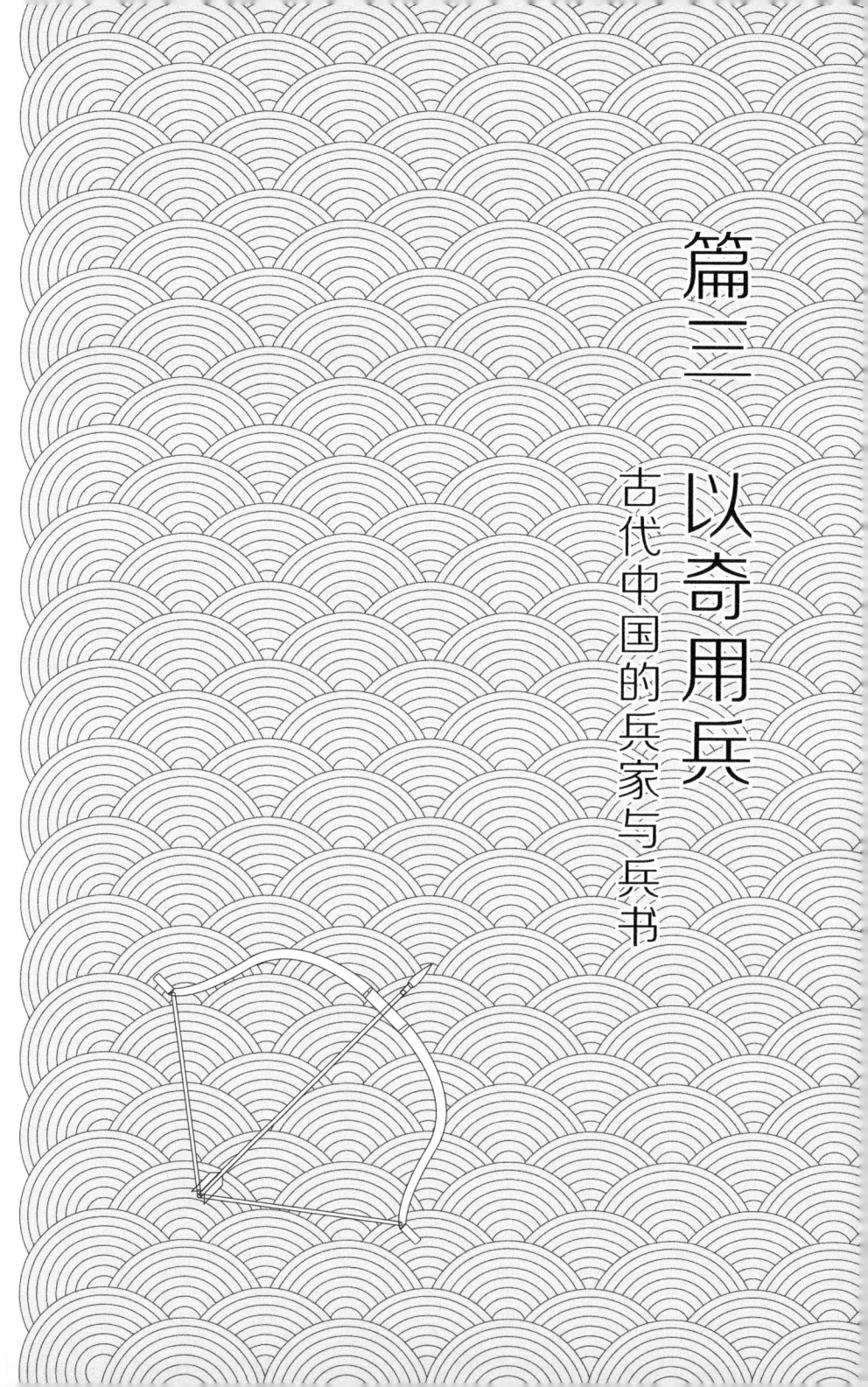

古代中国的兵家与兵书

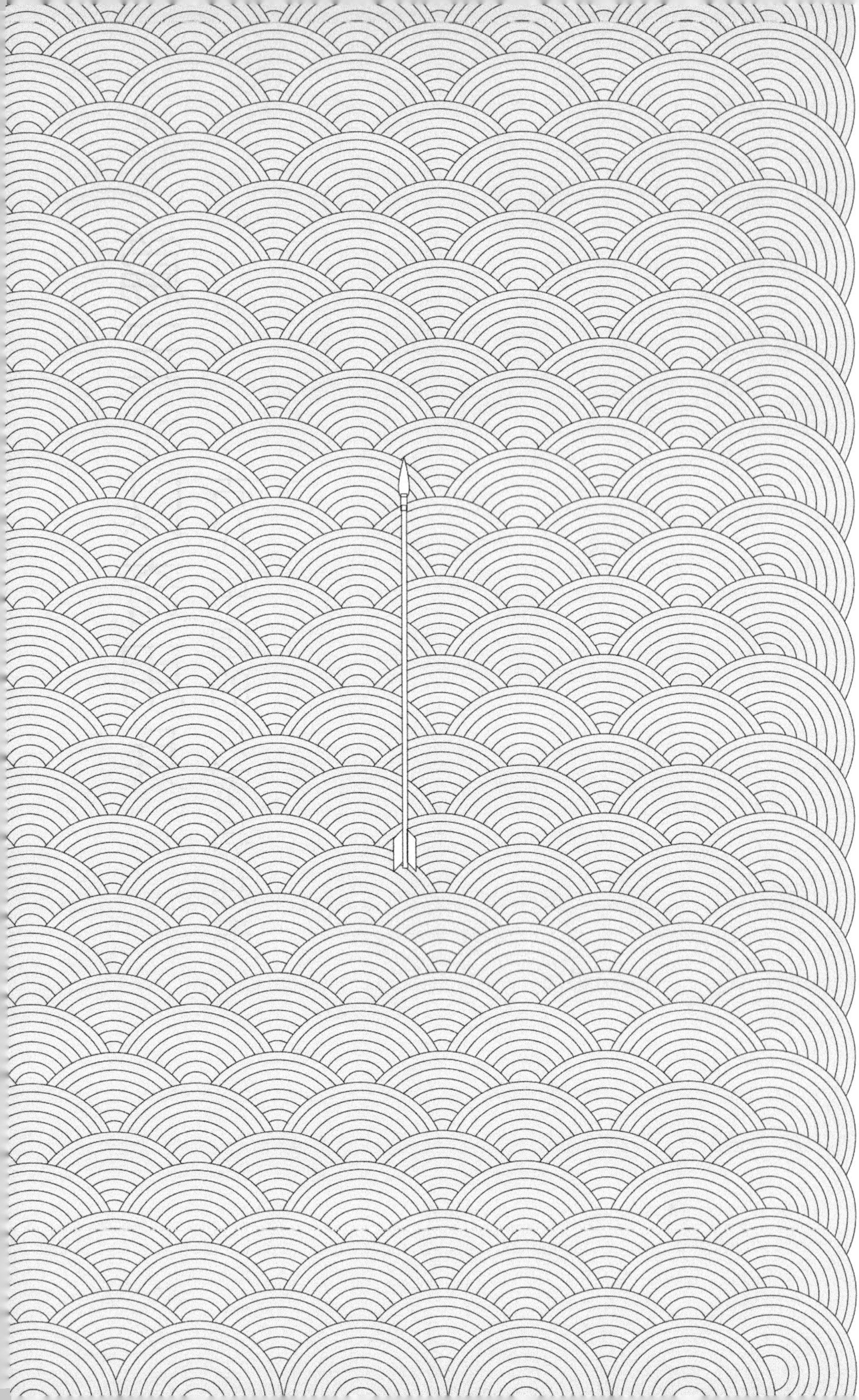

《道德经》第五十七章曾提到"以正治国，以奇用兵，以无事取天下"，主张以清静的正道治理国家，以奇诈诡秘的方法行兵布阵，以无为的方式治理天下。在春秋战国的战乱纷争中，用兵之道作为重要的思想话题与迫切的现实关怀，自然备受关注。与之相应的是兵家的形成与发展，以及兵书的创作与流传。

一

《封神演义》中的"姜太公"

围绕着兵家与兵书，中国历史上出现了许多精彩纷呈的民间传说与文学作品。明代神魔小说《封神演义》所刻画的神机妙算、才高智深的"姜太公"，便是一位非常令人着迷的兵家形象代表。作为周的军事统领，历史上的太公凭借其高超的军事谋略，辅佐周文王与周武王，最终使武王击败商纣王，建立了周朝。

据史料记载，"姜太公"为姜姓，吕氏，名尚，字子牙。《诗经·大雅·大明》曾记载他辅佐周武王于牧野之战击败商纣王之事曰："牧野洋洋……维师尚父，时维鹰扬。凉彼武王，肆伐大商，会朝清明。"这是说，牧野广阔无垠，太公仿佛振翅雄鹰，辅佐武王讨伐商纣，至黎明之时已是天下清明。《史记·齐太公世家》也曾提到，太公作为辅佐周朝伐纣的功臣，"其事多兵权与奇计，故后世之言兵及周之阴权，皆宗太公为本谋"。按照《史记》的说法，姜太公具备卓越的军事才能与高超的智谋，因此被后世奉为兵家鼻祖。

姜太公与兵家的关联，也体现在后世一些兵书类文献中。例如，成书于战国中后期的重要兵书《六韬》即依托于姜太公，又称《太公六韬》或《太公兵法》；《汉书·艺文志》记载有"《太公》二百三十七篇"，其中包括"《谋》八十一篇、《言》七十一篇、《兵》八十五篇"。清代学者沈钦韩认为，《谋》者即太公之《阴谋》，《言》者即太公之《金匮》，《兵》者即《太公兵法》。总之，其中的内容皆与兵家谋略有关。这些著作或许并非为姜太公本人所作，但著者托名为太公，足见太公在后世兵家学派心目中的重要地位。

基于经典文献对姜太公之运筹帷幄、雄才远略的描述，《封神演义》将他神化为一位神妙莫测的隐士，说他三十二岁上昆仑山潜心修道，历经四十载，年逾七旬时奉元始天尊之命，骑着"四不像"，携带神器打神鞭、杏黄旗等下山，辅佐周文王讨伐暴虐无道的商纣王。而《封神演义》中所描绘的关于"姜太公"的故事中，最广为流传、让人耳熟能详的当然是"姜太公钓鱼"。太公钓鱼之事也见于《六韬·文韬》的《文师》篇中，以及北魏时期郦道元所著《水经注》等古书中，而《封神演义》对其进行了妙趣横生的演绎。

在《封神演义》中，姜子牙奉师父元始天尊之命下昆仑山，以伺机辅佐圣君。下山之后，他在商朝的都城朝歌摆摊算命，遇到并识破了化作人形的玉石琵琶精。姜子牙降服了琵琶精，并用三昧真火焚烧她，使她在纣王面前现出真形。九尾狐狸精是琵琶精的姐姐，由此怀恨在心，化身美貌的

◆《昆仑山子牙下山》,出自《新刻钟伯敬先生批评封神演义》,清刻本。

苏妲己成为纣王的妃子,并蛊惑纣王对姜子牙实施炮烙之刑。姜子牙使用水遁逃走,自此隐居于磻溪[1],垂钓于渭水,以待圣君。

太公垂钓,"醉翁之意不在酒",方法当然也就异于常人。按照《封神演义》的描绘,他只在鱼线上绑一枚直针,没有弯钩也没有香饵。樵夫武吉笑他以直钩钓鱼,姜子牙回答说:"吾在此不过守青云而得路,拨阴翳而腾霄,岂可曲中而取鱼乎!……吾宁在直中取,不向曲中求,不为锦鳞设,只钓王与侯。"也就是说,子牙垂钓磻溪并非为了捕鱼,而是意在等待明君圣王,并最终辅佐圣王平治天下。终于,某一春日,周文王出游至渭水,听闻太公所作之歌,认定他必为贤人。文王于是斋宿三日后返回渭水以礼相聘,并封子牙为丞相。之后,姜子牙辅佐文王内修文德、安定百姓,并训练士卒、开疆扩土,最终在周武王在位之时辅佐武王推翻了了商纣王的暴政,建立了周朝。

《封神演义》的描绘当然充斥着奇思妙想,姜太公在其中神机妙算、法术高明。翻阅历史文献,不难发现的是,《封神演义》的发挥和演绎并非"无中生有"。如前文所说,成书于战国时期的《六韬》就已依托于姜太公,《汉书·艺

---

1 磻: 音 pán。

◆《渭水文王聘子牙》,出自《新刻钟伯敬先生批评封神演义》,清刻本。

文志》也记载有主要内容为兵法权谋的《太公》篇章。再者，姜太公最后受封于齐，而正是齐地孕育了中国早期的兵家流派。兵家的代表人物孙武与孙膑皆为齐国人，《司马法》《六韬》等重要兵书也都属于齐国的思想系统。姜太公与兵家权谋之间的思想关联由此可见一斑。另外，太公与兵家之间的关联也足以使我们领略古代中国兵家思想的源远流长。

至唐初之时，唐太宗李世民为纪念姜太公而在磻溪修建了太公庙；其后，唐中宗李显又分别在长安、洛阳两处设立太公庙；开元十九年（公元731年），唐玄宗李隆基再次在都城长安建立太公庙，并封姜太公为"武成王"，之后，又将太公庙更名为"武成王庙"，简称"武庙"。武庙以姜太公为主祭，西汉开国功臣张良为配享，另有历代名将十人从祀。武庙祭祀姜太公，正如文庙供奉孔子，可见姜太公在古代兵家中的地位是多么崇高。

二

概说"兵家"的源流与发展

春秋战国之际，战乱频仍，各诸侯国之间纷争不断，兵家思想正是在这样的历史背景之下应运而生。"兵家"作为一个学术或思想派别，其形成可追溯至春秋晚期。而明确使用"兵家"这一名称来称谓和总结这一学术派别，则要到汉代刘歆撰《七略》与班固著《汉书》之时。当然，兵家思想的兴盛远远早于汉代学者对"兵家"学派的回溯性总结，应当是在春秋末期至战国早中期。

《孙子兵法·始计》说："攻其无备，出其不意，此兵家之胜，不可先传也。"然而，"兵家"的说法在《孙子兵法》中仅此一见，且这里所说的"兵家"尚未指涉"兵家学派"，而主要是指军事统帅和军事家，《孙子兵法》中类似的称谓还有"将""智将""知兵者""知兵之将""善战者""善用兵者"等。而后，《吕氏春秋·审分览》评论先秦诸子时提到："老聃贵柔，孔子贵仁，墨翟贵廉，关尹贵清，子列子贵虚，陈骈贵齐，阳生贵己，孙膑贵势，王廖贵先，兒良贵后。"其中，孙膑、王廖、兒良都是兵家的代表人物，《吕氏春秋》认为孙膑注重战争的具体情势，王廖主张用兵贵在事先制定策略，兒良强调后发制人。《吕氏春秋》成书于战国末期，由此可以推测，兵家思想学说在彼时已是蔚然成风、颇具影响。

至西汉后期，经学家刘向、刘歆父子受命整理存世典籍，先后撰成《别录》《七略》两部目录学著作。其中，刘歆在《七略》中将所有典籍分为了"六艺""诸子""诗赋""兵书""术数""方技"六类。刘歆将"兵书"类文献单列一类，足以见得兵书在当时应当是数量庞大且影响广泛的。另外，刘歆的分类也表明，兵书类文献同其他诸类一样，代表着一个独立的学术体系。自刘歆整理文献目录始，兵家的学术地位得以确立。

关于兵家之源流，东汉史学家班固在《汉书·艺文志》中推测道："兵家者，盖出古司马之职，王官之武备也。"这是说，"兵家"可能起源于古时的"司马"。"司马"是自西周起就有的官职，主要掌管军政和军赋。在班固看来，后世兵家或许正是由"司马"演化而来。关于兵家的发展与兵书的流传，班固进而提到：

> 下及汤武受命，以师克乱而济百姓，动之以仁义，行之以礼让，《司马法》是其遗事也。自春秋至于战国，出奇设伏，变诈之兵并作。汉兴，张良、韩信序次兵

法，凡百八十二家，删取要用，定著三十五家。

也就是说，汤武禀受天命而兴师讨伐桀纣，以仁义和礼仪为用兵之准则，《司马法》记载了与之相关的内容；到了春秋战国之时，战争纷繁，尚谋伪诈之兵兴起，由此也形成了各类兵家谋略之书；汉初，张良、韩信整理兵书，共得一百八十二家，经过删取选定三十五家。而这三十五家，据班固记载，都在吕氏家族掌权用事之时被盗而遗失，彼时韩信已被处死。之后，汉武帝与汉成帝先后命杨仆与任宏搜集散失的兵书著作。任宏广采博收，将整理而得的兵书分为四类，共计五十三家七百九十九篇，其中包括"兵权谋"十三家二百五十九篇、"兵形势"十一家九十二篇、"兵阴阳"十六家二百四十九篇、"兵技巧"十三家一百九十九篇。这四类兵书在后文还会再提到。

三

兵家代表人物（一）：孙武、司马穰苴

大致说来，兵家学派的代表人物，春秋末期有孙武、司马穰苴[1]，战国之时有吴起、孙膑、尉缭等。下文分别简要介绍。

（一）孙武

孙武生活于春秋末期，齐国人，著有《孙子兵法》十三篇。《史记》中的《孙子吴起列传》以及其他一些篇章、《汉书·刑法志》等均曾记载孙武的事迹或其所著之兵书。另外，1972年出土于山东临沂的银雀山汉墓竹简《孙子佚文·见吴王》也记载有与《史记·孙子吴起列传》相似的内容，并提到孙子著书十三篇。

据《史记·孙子吴起列传》记载，孙武著有兵书十三篇，并曾以兵法觐见吴王阖闾。吴王曾通览孙子之兵书，但还是想观看孙武实操军队，于是派出"宫中美女"一百八十人，令孙武操练。孙武将宫女分作左右两队，令吴王的两位宠姬分任队长。宫女们起初并不认真操练，嬉笑打闹。孙武

---

[1] 穰苴：音 ráng jū。

◆孙武像,清宫殿藏画本。

为严肃军纪，同时申明"将在外，君命有所不受"的原则，不顾吴王的劝阻下令斩杀了两名队长，以此慑服其他宫女。之后，宫女们都认真听令，一举一动皆整齐划一、合乎规矩。吴王最终任命孙武为将，吴军在吴楚之战中大破楚军，攻克了楚国国都郢。阖闾之子夫差即位后，孙武又辅佐夫差战胜齐、晋二国。

《史记》对孙武的生平记述极为简短，关于《孙子兵法》一书也仅仅是在记述孙武与吴王阖闾会面时提到。因此，后世有不少学者质疑孙武其人的真实性，以及《孙子兵法》的真正作者、成书年代等问题。关于这一点，我们将在后文介绍《孙子兵法》一书时详细叙述。

（二）司马穰苴

司马穰苴同样为春秋末期齐国人，他本为田完的后代，因被齐景公册封为大司马，后世称司马氏。《史记》中有《司马穰苴列传》简短记载其事迹。记载上古军制的兵书《司马法》即托司马穰苴之名而作，亦有学者认为《司马法》实为其本人所作。唐开元年间（公元713—741年），为表彰祭祀历代名将，唐玄宗设武庙，供奉"武庙十哲"。唐肃宗之时，司马穰苴亦被供奉于武庙之内。

据《史记·司马穰苴列传》记载，齐景公之时，齐国受到燕、晋两国的侵袭，齐大夫晏婴向齐景公力荐司马穰苴，谓其"文能附众，武能威敌"。景公于是任司马穰苴为将军，令其抗击来犯之敌。司马穰苴赴任之后，为严明军纪、警示士卒，下令诛杀了景公的宠臣庄贾，以及景公使者的仆人。司马穰苴虽公正严厉，但对军中士卒关切有加，凡事亲力亲为，甚至将自己的资粮与士卒平分。军中士气由此大振，加之纪律严明，晋国军队闻之不战即退，燕军亦渡黄河北去而溃散。司马穰苴率兵追击，乘势收复了失地，得胜归齐后，被齐景公尊封为大司马。

关于司马穰苴所作之兵法，《史记》提到，齐威王令大夫整理《司马兵法》，将司马穰苴的兵法附于其中，命名为《司马穰苴兵法》。后世亦称《司马穰苴兵法》为《司马法》，也有学者认为该书其实即为司马穰苴本人的作品。《四库全书总目提要》提到，依据《史记》的说法，《司马法》乃是"齐国诸臣所追辑"，因而以之为司马穰苴所自撰的观点显然是有误的。《司马法》自西汉后逐渐失传，目前所见共有三卷五篇，为《隋书·经籍志》所著录。

四

兵家代表人物（2）：吴起、孙膑、尉缭

（一）吴起

吴起（公元前440—前381年），战国初期卫国人，相传著有《吴子兵法》一书以论军事谋略，曾历仕鲁、魏、楚三国。《韩非子·五蠹》曾提到，战国末期，"境内皆言兵，藏孙、吴之书者家有之"，也就是说，彼时家家户户都藏有孙武、吴起二人所著之兵法。由此可见，《吴子兵法》在战国时期流布甚广。因其卓越的军事才能，吴起常被后世与孙武并称，《史记》亦将二人并列而作《孙子吴起列传》。另外，吴起亦为唐"武庙十哲"之一。宋徽宗时，吴起被追封为广宗伯，位列宋武庙"七十二将"。

据《史记·孙子吴起列传》所载，吴起曾追随孔子的弟子曾子修习儒术。跟从曾子之时，吴起的母亲病逝，他却不回家奔丧，曾子由是对他心存鄙夷。此后，吴起转而研习兵法，并侍奉鲁君。侍鲁之时，吴起率鲁军攻齐，大破齐军。取胜后，吴起遭鲁国群臣非议，鲁穆公因此对他产生猜忌，吴起去鲁而投魏。魏文侯欣赏他的军事才能，任命他为主将。其后，吴起率魏军攻克了秦国五座城池，魏文侯封他

为西河郡守，以抵御秦、韩二国。据《吴子兵法》记载，吴起担任西河郡守期间，曾与其他诸侯国交战共计七十六次，全胜六十四次、战平十二次，为魏国拓展疆土千里。魏文侯死后，其子武侯继位，吴起受人离间而被迫离开了魏国，投奔楚国。居楚期间，吴起得楚悼王赏识，在楚国国内兴起改革，改革的大致内容包括：申明法令、明赏严罚，使得人人遵守法律；废止冗职以及对疏远王族的供给，用以供给作战的将士；以备战强兵为目标，摒弃游说合纵连横者。悼王死后，宗室大臣作乱而攻吴起，吴起被射杀。

值得一提的是，据《荀子·议兵》记载，在魏国期间，吴起还曾训练精锐步兵，创立了"武卒"这个兵种——能够身着三属之甲、执十二石之弓弩[1]、背负五十支箭矢、冠胄带剑、携带三日口粮且在半日内跑完百里者，方可被选为武卒。武卒可免除赋役及田宅租税，生活待遇优厚。据《吴子兵法·励士》记载，在公元前389年的阴晋之战中，吴起曾率魏国五万武卒击溃数量十倍于己的秦军，成就了中国战争史上著名的以少胜多的战役。

---

[1] 石：先秦及汉代的质量单位。一石为一百二十斤。

（二）孙膑

孙膑主要活跃于战国中期齐威王之时，著有《孙膑兵法》。据《史记·孙子吴起列传》记载，孙膑生于阿、鄄之间，即今山东阳谷阿城、菏泽鄄城一带。另外，据《史记》记载，孙膑或为孙武的后世子孙，与孙武相差百余岁。曾有学者怀疑孙武与孙膑本为一人，认为《孙子兵法》与《孙膑兵法》抑或本为同一本书。而事实上，汉代已有学者区分"吴孙子"与"齐孙子"。1972年出土的银雀山汉墓竹简更是佐证了这一点，其中分别提到了"吴王问孙子"与"齐威王问孙子"，内容与《史记》对孙武、孙膑二人的分别记载相吻合。另外，银雀山汉墓竹简还分别出土有《孙子兵法》与《孙膑兵法》，二者为同一本书的推测由此可见是不实之论。

《史记》还提到，孙膑曾与庞涓一同学习兵法。其后，庞涓出仕魏国，被魏惠王封为将军，但他担心自己才能不及孙膑，于是暗中派人招引孙膑至魏。庞涓欲使孙膑隐没而不见用于世，陷害他遭受了膑刑与黥刑。孙膑被剜去膑骨无法行走，脸上也被刺字。之后，齐国使者出使魏国，孙膑密见齐使，说服了他。齐使认为孙膑具有奇才异能，于是偷偷将他载运至齐。逃奔至齐后，孙膑得到了齐将田忌的赏识而成为其门客。关于孙膑和田忌，最广为流传的历史故事当然是"田忌赛马",孙膑凭借谋略帮助田忌取得了与齐国诸公子赛马的胜利,赢得了齐威王的千金赌注。田忌由是向齐威王推荐孙膑。威王向孙膑请教兵法,遂以他为师。

孙膑帮助齐国打赢了两场战役,一为桂陵之战,一为马陵之战。桂陵之战起于魏国伐赵,齐国救援赵国抵御魏的侵伐,以田忌为将、孙膑为师。田忌欲率军直接前往赵国与魏军交战,孙膑则另献一策——魏国长期伐赵,轻兵锐卒消耗于外,老弱之民疲乏于内,因而应当疾速引兵至魏国国都大梁,趁其不备而攻其空虚。这样,魏国必定会由赵撤军以奔魏自救,齐国便可由此解赵之围并借机攻魏于桂陵。田忌采纳了孙膑"围魏救赵"的策略,桂陵之战中,齐军大破魏军。据《孙膑兵法》记载,孙膑还得以在这次战役中擒拿庞涓,庞涓后被释放归魏,再度为将。

公元前342年,魏、赵两国合而攻韩,韩求助于齐,由是爆发马陵之战。马陵之战中,齐军采用了与桂陵之战相似的策略,直奔魏都大梁,庞涓率军队去韩而归魏。孙膑认为,三晋之军(韩、赵、魏)向来悍勇而蔑视齐军,认为齐军怯战。善战者应当因势而利导,利用魏军对齐军的成见。于是,孙膑令进入魏国的齐军在行军第一日留设十万个做饭用的灶,第二日减至五万,第三日减至三万。庞涓行军三日，看到齐军遗留的灶越来越少而喜不自胜，以为齐军果然怯懦无能，方三日而逃亡士兵已超过半数。于是，庞涓丢下步兵，只率领轻锐骑兵连日追击齐军。孙膑估算庞涓当于日暮之时追至马陵，马陵道路狭窄而地势险峻，非常有利于伏击。孙膑命士兵刮去路边一棵大树的树皮，露出白木，写上"庞涓死于此树之下"。随即命军中万名弓弩手隐伏于马陵道旁，约定天黑时看到树下有火光便万箭齐发。庞涓果然在天黑之时行至此处，见大树表面的白木上有字便点火查看。不及他读完，周围便已箭如飞蝗，魏军阵脚大乱。庞涓自知穷途末路，自刎而亡。齐军由是大败魏军，并俘虏了魏太子申。经过马陵之战，孙膑名扬天下，其兵法也流布于世。

（三）尉缭

较之于前文所述的几位人物，早期史料关于尉缭的生平记叙相对模糊和匮乏。仅《尉缭子·天官》和《史记·秦始皇本纪》分别记述了"尉缭子"与梁惠王的一段问答，以及"大梁人尉缭"与秦始皇的一段交往。另外，东汉时期的思想家王充所著《论衡》复述了《史记》中的内容。根据《尉缭子》与《史记》中的"只言片语"，大致可以推测，尉缭是战国后期魏国大梁人，后入秦为秦国国尉，曾有功于秦始皇统一六国。

然而，因为梁惠王与秦始皇之间时间跨度较大，有不少学者认为《尉缭子》中的"尉缭子"与《史记》中的"大梁人尉缭"或许并非同一个人，甚至可能是出自后人的依托或伪造。例如，现代著名史学家钱穆便曾考辨道："窃疑《史记》载缭事，已不足尽信，书又称梁惠王问，则出依托。其殆秦宾客之所为，而或经后人之羼乱者耶？"[1]也就是说，钱穆不仅认为《史记》中的记述或许并不完全真实，还怀疑《尉缭子》的内容可能是出自依托，认为这些内容要么是居于秦国的宾客所作，要么是后人杜撰并录入《史记》或《尉缭子》中。

在《尉缭子·天官》的记载中，梁惠王问尉缭："我听说黄帝有'刑德'二法，可以百战百胜，是这样吗？"这里，"刑"通常指"刑罚"，"德"则指恩赏。古人以"刑"为阴克、"德"为阳生，因此"刑德"也常被用来比附阴阳术数。尉缭回答说："黄帝所用之'刑德'，'刑'用以攻伐，'德'用以守持，并非通常所谓阴阳术数。黄帝之'刑德'主要为人事。"也就是说，在尉缭看来，军事胜负的关键不在于彼时所流行的阴阳术数等内容，而在于人为因素，其中既包括审慎的政治制度，也包括与之相关的道德精神。

---

1 见《先秦诸子系年考辨》，上海：上海书店，1992年，第457页。

根据《史记·秦始皇本纪》所记,尉缭具有卓越的军事谋略,同时也善于相面识人。他曾建议秦王不吝财物贿赂诸侯之豪臣,从而防止诸侯合纵攻秦。秦王采纳了他的建议,以平等的礼节对待尉缭,衣服饮食皆与己同。即便如此,尉缭仍试图离开秦国,他曾对人说:"秦王之为人,高鼻、长目、胸骨突出、豺声、缺乏恩德而有虎狼之心,困苦之时易居于人下,得志之际则轻易食人。"但尉缭终究没能离开秦国,而是被封为国尉,最终协助秦始皇统一天下。

另外需要提到的是,《汉书·艺文志》"杂家"类著录有《尉缭子》二十九篇、"兵形势"类著录有《尉缭》三十一篇,银雀山汉墓也出土有《尉缭子》一书的竹简残本。有学者推测其作者或许即《史记》中提到的尉缭。

五

古代中国的兵书

中国古代的兵书数量繁多。据统计，自先秦到清代，中国共产生兵书四千余种。[1] 随着春秋战国之际兵家思想的应运而生，兵书的创作与流传也趋于兴盛。目前所见最为重要的兵书文献，例如《孙子兵法》《吴子兵法》《司马法》《孙膑兵法》《尉缭子》《六韬》等，几乎都形成于春秋战国战乱纷繁的历史背景之下。这些兵书的内容不一而足，涉及上古军制、兵家计谋、兵阴阳、战略战术等诸多方面。

东汉史学家班固所著之史志目录《汉书·艺文志》专门设有"兵书略"一目，著录汉代以前兵书著作共计五十三家、七百九十九篇，图四十三卷，先秦两汉之际兵书文献的繁盛由此亦可见一斑。

简要说来，"兵权谋"类主要阐述军事思想、战争谋略等内容；"兵形势"类讲述用兵形势；"兵阴阳"类讲兵法与阴阳五行相结合，并杂以鬼神之说；"兵技巧"类以兵器和技巧为主要内容。当然，《汉书·艺文志》所著录的大部分文

---

[1] 详细介绍可参看李零：《兵以诈立：我读〈孙子〉》，北京：中华书局，2006年，第3页。

献在历史中"颠沛流离",未能流传至今。目前我们所见的,应当只是这些驳杂文献中很小的一部分。兵书文献的流传情况,正如现代历史学家吕思勉在其著作《先秦学术概论》中提到的,"阴阳、技巧之书,今已尽亡。权谋、形势之书,亦所存无几"。也就是说,"兵阴阳"和"兵技巧"类文献已经佚失,仅有小部分"兵权谋"与"兵技巧"文献存留。

正是因为兵书类文献大量佚失,加之存留于世的文献内容又较为驳杂,古往今来不断有学者质疑这些文献的真伪,认为其中某些或许出自后人的附会与伪作。例如,宋代学者陈振孙就曾提到"《孙》《吴》《司马法》,或是古书;《三略》《尉缭子》,亦有可疑;《六韬》《问对》,伪妄明白"[1],叶适也曾推测《孙子兵法》并非孙武所作,而是"春秋末、战国初,山林处士所为"[2]。清代学者姚鼐更是认为,所存各类兵书中,唯《孙子兵法》诚为周人所作,但其作者不一定便是孙武本人,其他兵书则"皆伪而已"[3]。近人梁启超也曾进行古书辨伪,认为《吴子兵法》《司马法》大约为西汉人伪撰,《六韬》《尉缭子》等为汉以后的人伪撰,《孙子兵法》"当是孙膑或

---

1 见《直斋书录解题》卷一二《兵书类》,上海:上海古籍出版社,1987年,第359—360页。
2 见《习学记言》,北京:中华书局,1977年,第675页。
3 见《惜抱轩全集》卷五《读〈司马法〉〈六韬〉》,北京:中国书店,1991年,第52页。

战国末年人书",而非孙武所作。[1]总之,关于兵书类文献的成书年代、作者归属等问题,质疑之声不绝于耳。

自20世纪70年代起,随着我国考古工作的不断推进,陆续有兵书类文献发掘出土。这些文献的出土更新了学界对于兵家及兵书类文献的认识,同时也消除了不少质疑。其中最为重要的当推前文所提到的银雀山汉墓竹简。银雀山汉墓于1972年发现于山东临沂,出土有数千枚竹简。据学者考订,这批竹简的抄写年代大约在公元前179年至前118年之间,亦即西汉文、景之时至武帝初期。竹简包含有《孙子兵法》《孙膑兵法》《六韬》《尉缭子》《守法守令十三篇》等先秦时期的重要兵书文献。其中,《孙膑兵法》的出土打破了以往学者认为《孙子兵法》《孙膑兵法》是同一本书的疑虑,也印证了《史记》中关于孙武与孙膑是不同的两个人、各自著有兵书的记载。另外,银雀山汉墓《孙子兵法》的下篇载有《孙子兵法》的佚文《见吴王》,内容也与《史记》的记载相合,可以证明孙武在与吴王阖闾会面之前便已写成《孙子兵法》,《孙子兵法》并非汉代人的伪作。除此之外,1973出土于河北定县(今定州)的西汉竹简中包含有《太公》及今本《六韬》的部分内容;1978年,青海大

---

[1] 见《中国近三百年学术史》,《梁启超全集》卷一五,北京:北京出版社,1999年,第4561页。

通上孙家寨的西汉墓中也出土了《孙子兵法》的佚文。这些文献的出土为学界对于兵书类文献的认识与研究提供了新的素材。

至北宋之时，宋仁宗赵祯为防止军事将领不修兵法、武备松懈，诏令曾公亮、丁度等编纂《武经总要》。《武经总要》乃是我国第一部综合性官修军事著作，内容丰富、主题广泛，共分为前、后两集，四十三卷。内容涉及军事制度、军事组织、军事理论、军事地理、古今战例、阴阳占卜等诸多方面。随后，宋神宗赵顼于元丰年间（公元1078—1085年）立武学、刻武经，诏命朱服、何去非等校订《孙子兵法》《吴子兵法》《司马法》《唐太宗李卫公问对》《尉缭子》《黄石公三略》《六韬》，立为《武经七书》。自此，应武举者皆需以这七本书作为军事参考书。下文简要介绍这七部著作。

（一）《孙子兵法》：共三卷十三篇，成书于春秋末期。《孙子兵法》无疑是先秦兵家最为重要的理论著作，故《武经七书》将其列为全书之首，《四库全书总目》亦谓其为"百代谈兵之祖"。《汉书·艺文志》记载有"吴孙子兵法八十二篇，图九卷"，至唐代时存留有三卷十三篇，银雀山汉墓出土的《孙子兵法》与之篇幅相当。就主题来说，《孙子兵法》侧重于用兵谋略，蕴含浓厚的哲学色彩。《孙子兵法》乃是

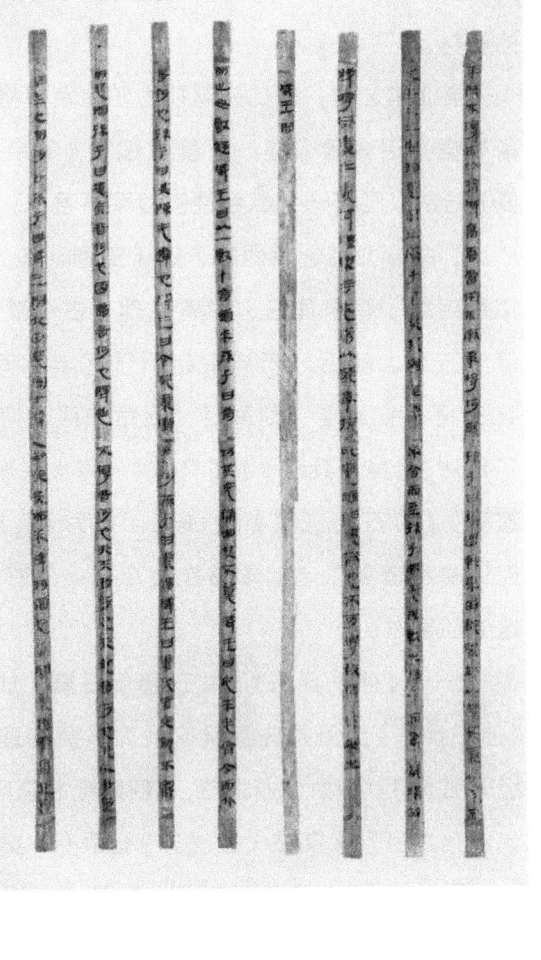

◆ 银雀山汉墓《孙膑兵法》竹简。图片选自《银雀山汉墓竹简·壹》。

在海外译本最多、流传最为广泛的中国古代典籍之一。

（二）《吴子兵法》：共两卷六篇，相传为战国时期吴起所撰，已有不少学者怀疑为后人伪作。《汉书·艺文志》记载有"吴起四十八篇"，足见其原本内容相当丰富，但很大一部分至隋唐之际即已散佚。《武经七书》所收录的应当为传自唐代的改编本。内容包括对吴起生平活动的记叙，以及治军准则、军事策略等。

（三）《司马法》：共三卷五篇，成书于战国之时。最早载于《汉书·艺文志》，称《军礼司马法》，共计一百五十五篇。汉代以后，其内容多有佚失，并经编者删节。唐代所编《隋书·经籍志》仅记载有三卷五篇。内容涉及西周时期的军制与军礼，以及春秋战国时代的军事思想。

（四）《唐太宗李卫公问对》：宋代新编古书，旧题为唐代名将李靖所撰。全书采用问答形式，共计九十八次问答。书中内容广泛，包括军制、阵法、训练、边防等诸多方面，并结合战例阐释兵学思想。因为并未见载于后晋成书的《旧唐书》及北宋所编《新唐书》，多有学者怀疑其为唐之后的伪作。

（五）《尉缭子》：共五卷二十四篇，一般认为成书于战国时期。最早著录于《汉书·艺文志》，其中"兵形势"类著录《尉缭》三十一篇,"杂家类"著录《尉缭子》二十九篇。银雀山汉墓出土有《尉缭子》残简。其内容既包括战国时期的军事制度,也包括对治军思想、作战准则与方式等的讨论。

(六)《黄石公三略》:共三卷,分为上略、中略、下略。学者多认为其成书于西汉末年,书中杂糅了诸子思想以论战略,并大量引用古代兵书《军谶》与《军势》。

(七)《六韬》:共六卷,每韬即为一卷,又称《姜太公六韬》或《太公兵法》,学者普遍认为其成书于战国时代。银雀山汉墓和河北定县八角廊均出土有《六韬》竹简残本。采用问答形式,周武王设问而姜太公作答,内容涉及治国理政、军事组织、军事策略、排兵布阵等。

文化关键词

兵以义动

为了道义而出兵。犹今之所言"为正义而战"。中国人自古崇尚"义兵""义师",即为了维护"义"而发动的战争。所谓"义",就是禁止暴力,为民除害。战争虽然是暴力行动,但它不应该是主动施暴的行动,而是为了反抗、制止施暴而采取的暴力行动。它体现了中国人坚守道义和仁爱的精神。

奇正

"奇"是反常的、出其不意的,"正"是正面的、正常的。最早由《老子》提出。主要含义有二:其一,作为军事用语,指两种不同的用兵应敌的方式:"正"指在了解敌方作战意图基础上的正面应敌,"奇"指隐蔽自己的作战意图,灵活地运用偷袭、设伏等手段,以达到出其不意的效果。"奇"与"正"的运用需要相互配合。"奇正"有时也被用来处理、应对日常事务。其二,作为文艺批评术语,用来称说文章思想内容上的纯正与奇诡以及文辞上的典雅与巧丽。南朝刘勰为了矫正齐梁时期的文坛过于重形式、片面追求新奇的弊病，将"奇正"引入文学批评。他认为，文学创作应当在思想内容上以儒家经典为依归，以文辞上的巧丽奇异为配合，只有执"正"（思想纯正）以驭"奇"（文辞巧丽），才能使文章的主旨新颖而不邪乱，词采美丽而不浮夸。后世诗歌评论及戏曲批评也用到这一术语。

篇四 上兵伐谋

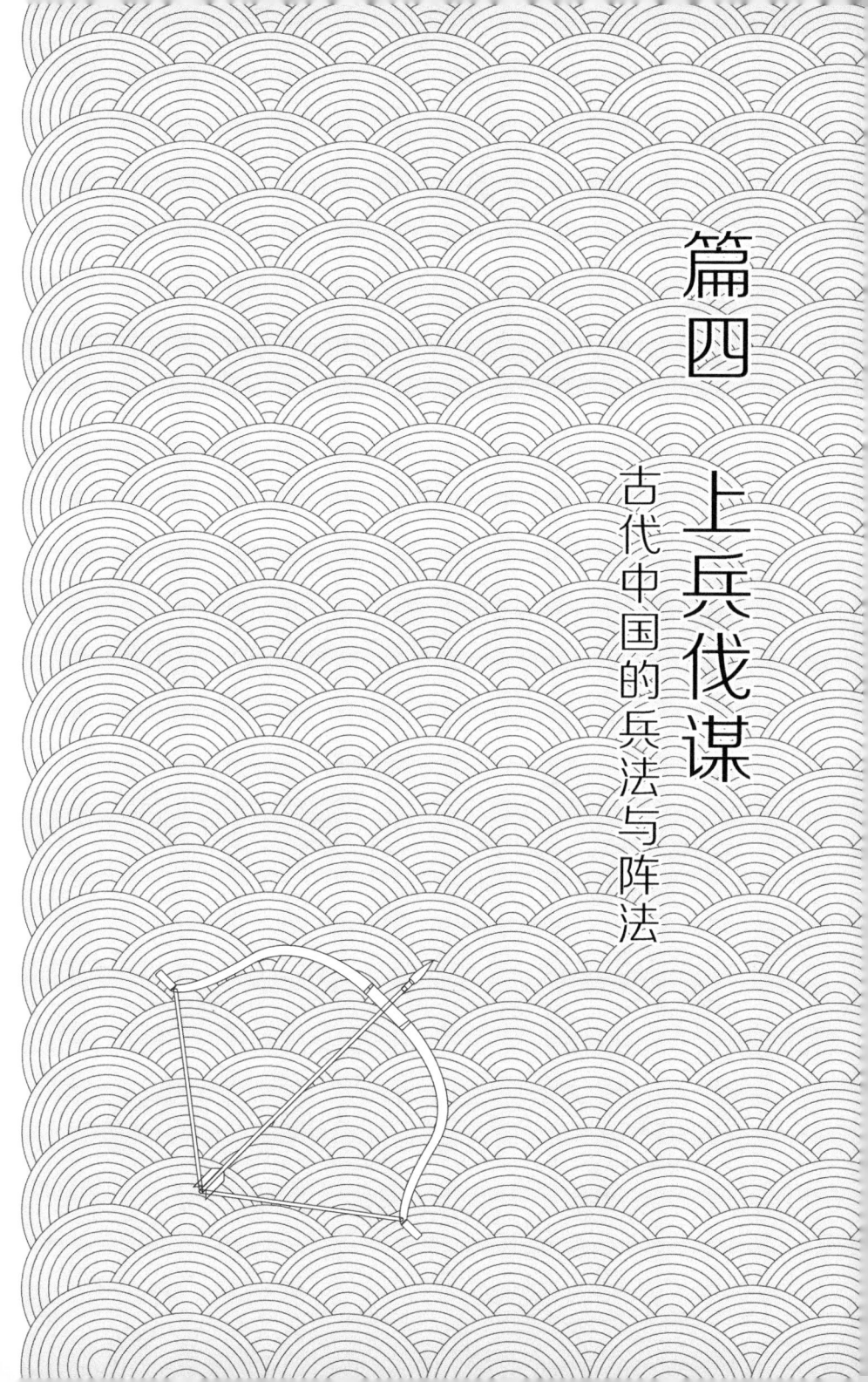

古代中国的兵法与阵法

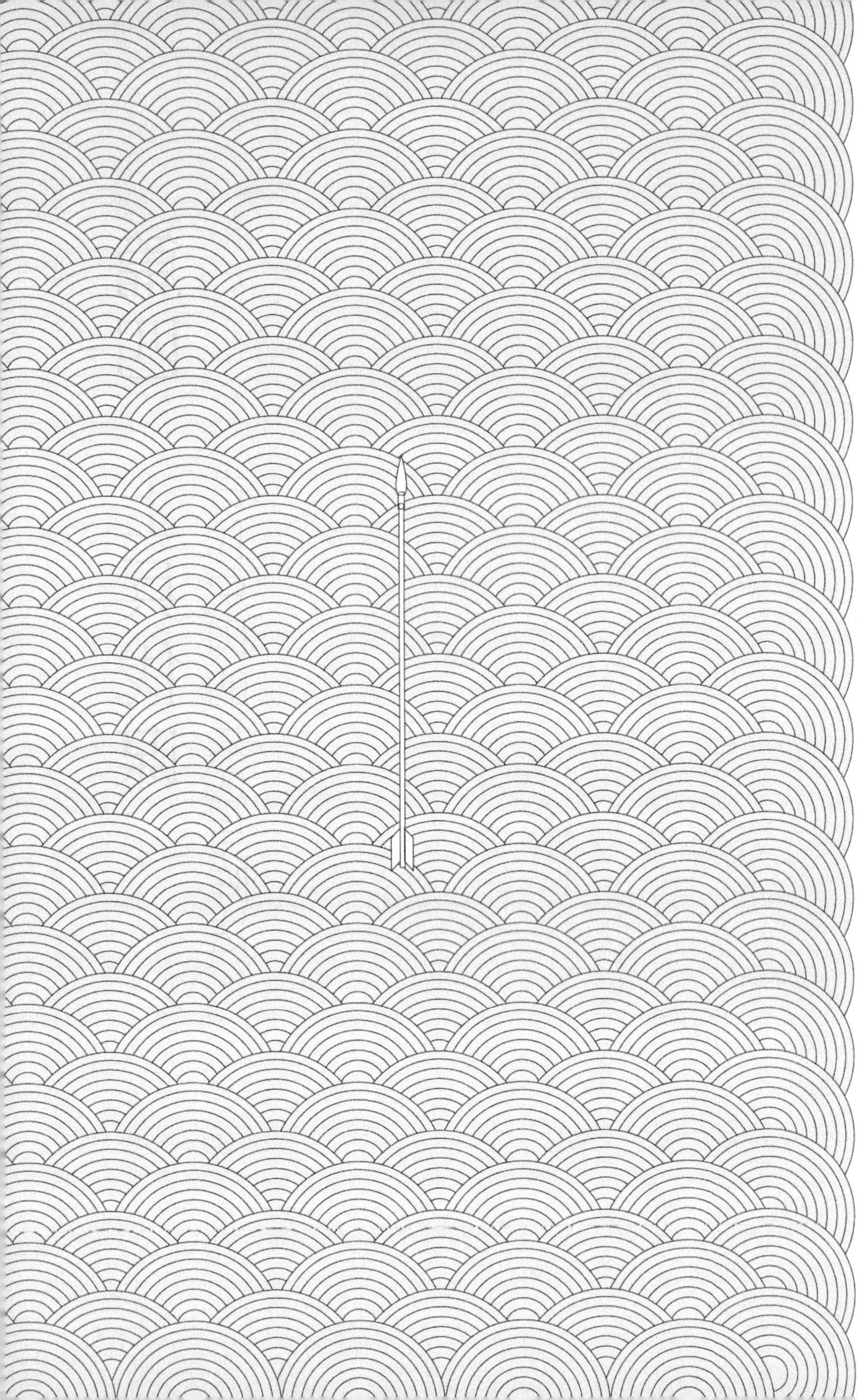

讲兵法、重谋略乃是中国古代兵家的重要思想特征。古代兵书种类繁多、浩如烟海，兵家谋略却几乎是各类兵书中不可或缺的内容。古代兵家之所以重谋略，首先在于他们讲求"先礼后兵""不战而屈人之兵"，认为运用谋略在战前挫败对方的计谋或进攻当是最为理想的状态。当然，即便是不得已参与战争，军事谋略也有助于出奇制胜。

大致说来，春秋战国乃是古代兵家谋略思想产生的高峰时期。诸侯纷争、各国战乱不休的历史情景催生了大量基于战争实践的军事战略理论。东汉史学家班固谓"自春秋至于战国，出奇设伏，变诈之兵并作"，道出了彼时的历史环境与军事状态。《孙子兵法》可谓当时论述军事谋略的集大成之作，孙子谓"兵者，诡道也"（《孙子兵法·始计》)、"兵以诈立"(《孙子兵法·军争》),都是说兵家主要是谋略的较量、依靠谋略取胜。除《孙子兵法》外,其他不少兵书也极富理论洞见与军事智慧。下文将尝试介绍其中一些具有代表性的观点与内容,以及与兵法密切相关的古代阵法。

一

上兵伐谋

基于中国古代反对战争、崇尚和平的思想传统，在战争发生之前采取有效措施以阻止战争的实际发生，可以说是兵家谋略的最高境界，《孙子兵法》称之为"上兵伐谋"：

> 故上兵伐谋，其次伐交，其次伐兵，其下攻城。攻城之法，为不得已。

在孙子看来，军事斗争乃是在不同层面展开的。两军对垒、一决胜负常常是不得已而为之，"不战而屈人之兵"、以谋略挫败对手才是最为理想的。用兵之上策是运用计谋挫败敌人的威胁，其次为运用外交手段争取主动，再次为攻打敌方军队，最下为进攻敌方城邑。"上兵伐谋"的思路与价值取向在我国古代军事思想中流传久远、影响甚深。三国时期蜀国将领马谡谓"夫用兵之道，攻心为上，攻城为下；心战为上，兵战为下"（《三国志·蜀书九》裴松之注引《襄阳记》），说的也是这层意思。

纵观历史，东汉献帝建安五年（公元200年）的官渡之战可谓"上兵伐谋"、以少胜多的经典战例。官渡之战与赤壁之战、夷陵之战并称三国时期的"三大战役"。官渡之战战争双方为曹操与袁绍。通过官渡之战，曹操以少击众，击溃了袁绍近十万精兵，奠定了统一北方的局面。

战争之初，曹操与袁绍双方相持数月于官渡（今河南中牟东北）。十月，袁绍派遣部将淳于琼率兵护送军粮至乌巢（今河南封丘西），谋臣沮授建议增援军队掩护其侧翼，许攸建议轻兵夜袭曹军守地许昌，袁绍均未予采纳。许攸见袁绍刚愎自用、有勇无谋，便连夜奔赴曹营，投靠曹操。因乌巢守备不严，又有袁军辎重万余乘，许攸建议曹操率轻兵奇袭乌巢。曹操采纳了他的建议，亲率精兵五千，伪装为袁军而夜袭乌巢，焚毁袁军全部物资。驻守官渡的袁军将领听闻乌巢被破，率部降曹，袁军几乎只剩下残兵败卒。袁绍见大势已去，与其长子袁谭仅率八百骑兵渡河北逃。两年后，袁绍便郁愤而终。

通过对敌情的掌控与分析，曹操出奇制胜，采取夜袭与火攻的策略，避免了在实力悬殊的情况下与袁军直接兵戎相见，仅以五千精兵便使得袁绍迅速失败，且由此元气大伤、一溃千里。可以说，官渡之战呈现了"上兵伐谋"的军事策略在实际战争中的作用与价值。

(二) "庙算"与"先知"

古代兵法讲求防患于未然，在战前先做好准备，尽可能周全地评估战争形势，从而选择恰当的军事策略。《孙子兵法》中有不少相应的内容，其中，"庙算"与"先知"是较为突出的两个概念。

首先来看"庙算"。"庙算"之"庙"指"庙堂"，为古代帝王议事、祭祀的场所。"庙算"指战争开始之前，在庙堂之上郑重地谋算己方的优势、劣势，进而制定相应的策略。关于"庙算"的重要性，《孙子兵法·始计》曰：

> 夫未战而庙算胜者，得算多也；未战而庙算不胜者，得算少也。多算胜，少算不胜，而况于无算乎！吾以此观之，胜负见矣。

在孙武看来，预先评估形势、谋划策略对于战争结果有着至关重要的作用。如果战前庙算周详，充分考量了战争中的各项因素，取得胜利的概率就会很大，反之则极有可能失败。"庙算"所权衡的因素不仅包括与战争直接相关的内容，同时也包括政治、经济等方面的内容。孙武说："主孰有道，将孰有能，天地孰得，法令孰行，兵众孰强，士卒孰练，赏罚孰明，吾以此知胜负矣。"(《孙子兵法·始计》)也就是说，君主的德行、将领的才能、天象地形、法令的施行状况、兵卒的精锐程度、赏罚的分明都是决定战争胜负的重要因素。

再来看"先知"。如果说"庙算"是对己方的综合评估，那么"先知"则是对敌方的充分认知。若能预先探测敌情、掌握敌方状况，必然有助于施展谋略、赢得战争。孙武说："知彼知己者，百战不殆；不知彼而知己，一胜一负；不知彼，不知己，每战必败。"(《孙子兵法·谋攻》)对于敌方情况的掌控和对于自身状态的了解在战争中同等重要。若能做到知彼知己，则战争的结果必定是乐观的。而要"知彼"，则需"先知"，亦即预先掌握对方的情况。具体说来，就是需要派出间谍刺探敌情。孙武说：

> 先知者，不可取于鬼神，不可象于事，不可验于度，必取于人，知敌之情者也。(《孙子兵法·用间》)

"先知"凭借的不是祭祀占卜、求神问鬼、天象运行、类比推测等手段，而是要取之于人，从熟悉敌情的人那里去探测。要做到这一点，就必须重用间谍。通过间谍挫败敌方在春秋时期的史书《左传》中亦有记载，战国之时更是不乏间谍活动的论述与记载，比如《孙子兵法》中就详细论述了不同种类的间谍。

总之，在《孙子兵法》乃至古代中国兵家看来，战前的谋划与准备是战争胜利的先决条件，其中既包括对自身形势的评估，也包括对敌情的掌控；同时做到了二者，则胜算在握。

三

奇正相生

"奇"与"正"是一对相应的思想范畴，最早出自《道德经》。《道德经》第五十七章提到"以正治国，以奇用兵，以无事取天下"。在这里，"正"指清静无为的正道，"奇"指奇诈诡秘的方法。《道德经》主张依据清静无为的正道治理天下，通过奇诈诡秘的方式用兵作战，通过不扰民而取信天下。《道德经》虽主要讲述"君人南面之术"（《汉书·艺文志》），其中也不乏关于用兵之道的陈述，有学者甚至因此主张《道德经》为一部"兵书"。综观《道德经》全书，"以奇用兵"具体主要当指逆向或对反思维的运用，以及无为处下的态度。《道德经》第三十六章说：

> 将欲歙之，必固张之；将欲弱之，必固强之；将欲废之，必固兴之；将欲夺之，必固与之。

也就是说，若要收合，必先伸张；若要削弱，必先强化；若要废止，必先兴举；若要夺取，必先给予。物极必反、势强则弱，发展至某一极限的事物必将朝着相反的方向变化。用兵之道同理，应当顺应天时人事、把握物理自然，在根本处谋划布局、施展策略，运用对方自身的发展趋势最终击溃对方。另外，用兵打仗本是有为之事，但《道德经》主张以无为处下的态度应对，在第六十九章提到：

> 用兵有言："吾不敢为主，而为客；不敢进寸，而退尺。"是谓行无行，攘无臂，扔无敌，执无兵。祸莫大于轻敌，轻敌几丧吾宝。故抗兵相若，哀者胜矣。

这段内容既道出了《道德经》用兵之宗旨，也论述了军事谋略。正如我们在篇二所论述的，《道德经》本质上是反对战争的。这里也讲到，用兵的态度应当是哀戚的，而非雀跃的。用兵者不应轻敌而好战、踊跃用兵，而当采取守势；不应肆意妄动而"进寸"，而当怵惕审慎而"退尺"；所谓"行无行，攘无臂，扔无敌，执无兵"，则可理解为若不得已而应战，那么，虽然有阵势，也应当像无固定阵势可用；虽然要振臂，也应当像没有臂膀可举；虽然面临敌人，也应当像无特定敌人可赴；虽然有兵器，也应当像无兵器可持。总之，用兵之时，应当以无为的态度处之，并示敌以无形，不拘泥于固定原则或策略。这样，敌方必定难以采取有效的应对。

《道德经》"以奇用兵"的思想被后来兵家接受并阐扬，进而形成了"奇正相生"的军事谋略。如果说《道德经》主张"正"以治国而"奇"以用兵,兵家则扩大了"正"的内涵,将"正"也纳入了用兵方略之中,使得"奇""正"成为军事谋略一体之两面。《孙子兵法·势》谓:"三军之众,可使必受敌而无败者,奇正是也。"也就是说,只要依靠奇正变化,与敌人对抗便不会失败。而"奇正"的意涵究竟为何,历代注家曾从不同角度予以阐释。例如,曹操注《孙子兵法》谓"先出合战为正,后出为奇也",另有学者谓"当敌为正,傍出为奇""动为奇,静为正;静以待之,动以胜之""兵体万变,纷纭混沌,无不是正,无不是奇。……正亦为奇,奇亦为正",如此等等。[1]通过这些注解不难看出,"奇"和"正"在用兵谋略中是一对相伴而生、相辅相成的概念。在战争中,二者都是不可或缺的,需要相互配合。大体说来,"正"即为正面的、寻常的,指的是了解敌方作战意图基础上的正面应敌;"奇"则为反常的、出其不意的,指的是隐藏自己的真实作战意图,灵活使用偷袭、设伏等手段,达到出其不意的效果。关于两者在战争中的作用,孙武说:

> 凡战者,以正合,以奇胜。故善出奇者,无穷如天地,不竭如江海。……战势不过奇正,奇正之变,

---

[1] 详见孙武撰,曹操等注,《十一家注孙子》,北京:中华书局,2012年,第80页。

> 不可胜穷也。奇正相生，如循环之无端，孰能穷之！
> (《孙子兵法·势》)

大凡作战用兵，都是以正面应敌、以奇兵取胜。善于出奇之人，其出奇制胜的手段如天地般无穷无尽、如江海般用之不竭。战争形势不过是奇正二者的交互与配合，奇正的相生与并用，正如循环之无始无终，可以应变无穷，将终究战胜对手。

除《孙子兵法》外，《六韬》与《尉缭子》也提到了"奇正"的用兵方略。在《六韬》中，武王向太公询问"攻伐之道"，太公回答时便提到应当根据敌方的态势而不断生成变化——"奇正发于无穷之源"(《六韬·龙韬》)，形成玄妙莫测的应对策略。《尉缭子·勒卒令》则提到："正兵贵先，奇兵贵后，或先或后，制敌者也。"也就是说，负责钳制、明攻的部队应当先行进攻，而担任突击、暗袭的部队则应当随于其后，二者一先一后便可制敌。

前文所提到《武经七书》之一的《唐太宗李卫公问对》中也有不少关于"奇正"的内容。书中提到：

> 故善用兵者，奇正在人而已。变而神之，所以推乎天也。

> 吾之正，使敌视以为奇，吾之奇，使敌视以为正，斯所谓'形人者'欤！以奇为正，以正为奇，变化莫测，斯所谓"无形者"欤！

也就是说，对于善于用兵之人，奇正的变化皆在于人的运用：我用"正"而使敌人误以为"奇"，我用"奇"而使敌人误以为"正"，这是所谓的示形于人；而以奇为正，以正为奇，变化无端，则是所谓的"无形"。

四

兵法与阵法（一）

在实际战争中，与"奇正"直接相关的是各类阵法的运用，它们体现了"奇"与"正"的各种玄妙组合。在冷兵器时代，阵法的运用对于战争胜负具有决定性的作用。《六韬》论述"用兵之奇"时便曾提到所谓"鸟云之陈"，亦即仿效鸟和云的运动轨迹排兵布阵。"鸟散而云合，变化无穷者也"——鸟和云的聚散分合瞬息万变、不着痕迹，若将其运用于作战，则敌人难以把握其规律。此外，其他早期兵家文献，如银雀山汉墓《孙膑兵法》《司马法》等，也都曾论及与阵法相关的内容。《孙膑兵法·奇正》篇谓：

> 战者，以形相胜者也。形莫不可以胜，而莫知其所以胜之形。

这里的"形"即可理解为阵形。在《孙膑兵法》看来，战争主要靠阵形取胜。但凡有形的，便是可以战胜的，只是人们时常不知采用何种阵形以获胜。另外，《孙膑兵法·八阵》提到："用八阵战者，因地之利，用八阵之宜。"《孙膑兵法》并未明确提及"八阵"为哪八种阵形，因此"八阵"

或统指布阵之法。也就是说，布阵应当充分利用地形，因地制宜。再者，《孙膑兵法》专门设有"十阵"一篇，列举各种阵型的排列与战法，谓"凡阵有十：有方阵，有圆阵，有疏阵，有数阵，有锥行之阵，有雁行之阵，有钩行之阵，有玄襄之阵，有火阵，有水阵"。后世的阵法万变不离其宗，基本都由这些阵型演化发展而来。

《司马法》则提到：

> 凡陈：行惟疏，战惟密，兵惟杂。（《司马法·定爵》）
>
> 兵不杂则不利。长兵以卫，短兵以守。（《司马法·天子之义》）

这是说，就阵形而言，行列宜松散，兵力宜密集，兵种宜混杂。行列松散则兵器易于施展，队形易于变换；兵力密集才可汇聚力量，形成整体战斗力；长短兵混杂方能进退自如、攻守兼备。

各类阵法中，最为人们耳熟能详且被文学作品和电视节目不断演绎的当属相传为诸葛亮所作之"八卦阵"。史书《三国志》曾记载诸葛亮"推演兵法，作八阵图"（《三国志·蜀书·诸葛亮传》），但"八阵图"并未得以流传，其究竟如何排兵布阵也就不得而知。明代军事家茅元仪在所辑之《武备志》中考其遗迹，载其图形如下：

◆八阵图

按照《武备志》的解释，八阵图包括"天、地、风、云、龙、虎、鸟、蛇八阵"和"中军阵"。其中，前八阵各由六个小阵组成，共计四十八阵；"中军阵"由十六个小阵组成；前八阵与中军阵纵横排列，共计六十四阵。阵后设二十四队游骑，为机动兵力。

《三国演义》对《三国志》中关于诸葛亮所作"八卦图"的记载进行了发挥，在第一百回"汉兵劫寨破曹真，武侯斗阵辱仲达"中描绘了诸葛亮与司马懿斗阵，以"八卦阵"大破其"混元一气阵"的故事。斗阵将始，司马懿谓魏将戴凌、张虎、乐琳曰："诸葛亮所布之'八卦阵'，分休、生、伤、杜、景、死、惊、开等八门。你们攻阵时首先由正东'生门'打入，而后由西南'休门'杀出，进而从正北'开门'杀入，如此便可破八卦阵。"于是，戴凌、张虎、乐琳三人各率领三十名骑兵杀入正东生门，谁料"八卦阵"真如其名，由八卦可变幻至六十四卦，进而变化无穷。三人只见"阵如连城"，阵中有阵、环环相扣，无从冲杀而出。慌乱之下，三人又率兵冲向西南，却遭蜀军阻拦，无法突出重围。八卦阵中"重重叠叠，都有门户"，敌人一旦入阵便会眼花缭乱、难辨方向，遑论杀敌制胜。最终，戴凌、张虎、乐琳三人及所率魏军皆被蜀军俘虏。

五

兵法与阵法（2）

《三国演义》对"八卦阵"的描述别开生面，其中当然不乏想象与修饰，但由此也足以见得古代阵法玄妙莫测。大致说来，古代阵法主要依横竖、方圆、曲直、疏密等不同要素分列排布，并配合天地阴阳、三才五行、八卦九宫、十二辰等，而且各有名称。北宋时期的官修军事著作《武经总要前集》曾总述并著录了古代的各类阵法，其中较为著名的有常山蛇阵、三才阵、五行阵、八阵等，简要介绍如下：

（一）常山蛇阵

常山蛇阵的基本阵形为一字排开的纵队或横队，其名称来自《孙子兵法》。传说之中，"常山蛇"能够首尾呼应以自救。《孙子兵法·九地》谓："故善用兵者，譬如率然。率然者，常山之蛇也，击其首则尾至，击其尾则首至，击其中则首尾俱至。""率然"亦即常山蛇，运用于阵形则可作掎角之势、自环而相救。

宋代词人苏轼有诗曰"雄心欲搏南涧虎，阵势颇学常山蛇"（《司竹监烧苇园因召都巡检柴贻勖左藏以其徒会猎园下》），

◆常山蛇阵图，载于《武经总要前集》。

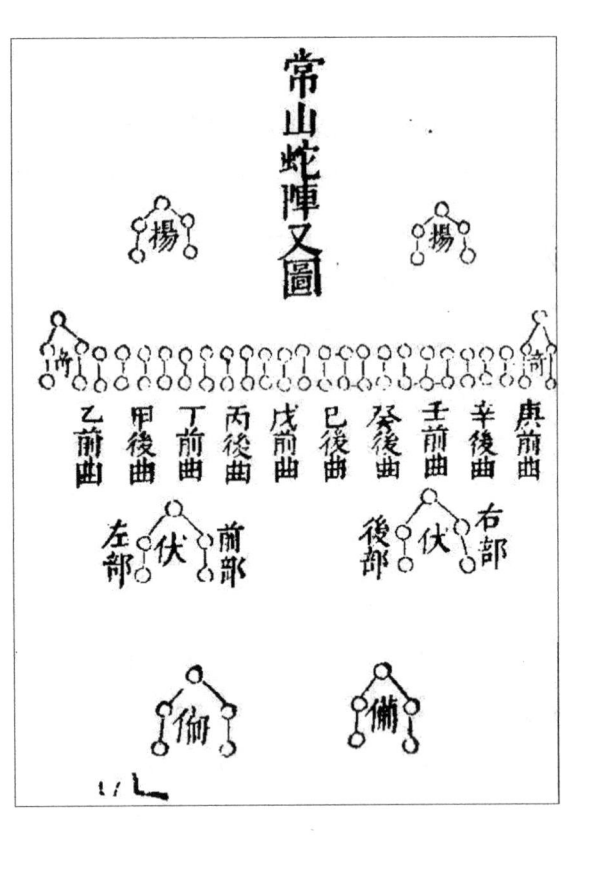

清代思想家顾炎武亦谓"何当整六师，势如常山蛇"(《江上》)，说的都是这种阵法。

（二）三才阵

"三才阵"的基本阵形为三分队列，其名源于《六韬·虎韬·三陈》之"凡用兵，为天陈，地陈，人陈"。《三陈》篇并未论及具体的阵法，只说排兵布阵应当讲求天时、地利、人和。大致说来，"三才阵"以"参伍之法"为基础，"参法"即三人，可呈"左—中—右"之横队或"前—中—后"之纵队两种排列方式；"伍法"为五人，乃是两种"三人"排列方式的叠加。"三才阵"基于"参伍之法"而形成各种变化，既可运用于步兵，亦可运用于车骑。

明代抗倭将领戚继光（公元1528—1588年）借鉴古代阵法，并依据实战经验及东南沿海地区的地理特点，创造了以十二人为基础作战单位的"鸳鸯阵"。"鸳鸯阵"由盾牌手、狼筅手[1]、长枪手和短兵手组合而成。依据作战情况，"鸳鸯阵"可变化为左右两小阵或左中右三小阵，分三小阵时称"三才阵"。"鸳鸯阵"运用灵活、变化多端，多次有效抑制了倭寇的攻伐，后来记录在戚继光的军事论著《纪效新书》中。

---

1 狼筅：以大毛竹制作，是一种保留了竹子枝丫的竹枪。

◆ 伍法图

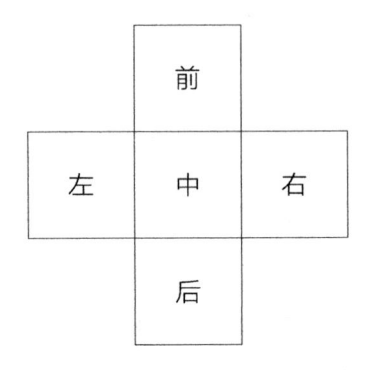

	前	
左	中	右
	后	

（三）五行阵

"五行阵"的基础同样为"参法"，由"左—中—右"和"前—中—后"交错变换而成。《武经总要前集》卷七、卷八记载"五行阵"曰："直阵、锐阵、曲阵、方阵、圆阵，以法五行。"也就是说，"五行阵"通过效法古代宇宙观念中的"五行"思想分别构成直阵、锐阵、曲阵、方阵和圆阵。《武经总要前集》进而提到：直阵举青旗，为木；锐阵举朱旗，为火；曲阵举黑旗，为水；方阵举白旗，为金；圆阵举黄旗，为土。"五行阵"不仅排兵布阵有所不同，亦分别使用不同颜色的战旗，以效法五行观念。

当代作家金庸所著的武侠小说《碧血剑》发挥演绎了古代兵书关于"五行阵"的记叙，并汲取古代中国宇宙观念中五行生克变化之理，生动刻画了江湖派别石梁派的祖传武功"温家五行阵"。石梁派"温氏五祖"组成五行阵，其阵法的诀窍在于五人能够互为守御，防守严丝合缝，并且，在临敌之际，"五人犹似一人"，一人攻击，其他四人随之绵绵而上，使得敌人毫无破绽可寻。"五行阵"犹如五行之生克无间，敌人一旦入阵，便难以攻破。

（四）八阵

"八阵"由"五行阵"扩充而成，基本阵形类似于我们现在所说的"九宫格"，正如《宋史》所记载宋神宗对"八阵"

虎（兑）	天（乾）	风（巽）
鸟（离）		蛇（坎）
龙（震）	地（坤）	云（艮）

风（巽）	鸟（离）	地（坤）
龙（震）		虎（兑）
云（艮）	蛇（坎）	天（乾）

◆《风后握奇经》所载八阵图。上图为先天卦位，下图为后天卦位。

的总结——"大抵八阵即九军,九军者方阵也"(《宋史·兵志九》)。古籍中所记载的"八阵"种类颇多,《隋书·经籍志》著录有《孙子八阵图》《吴孙子牝牡八变阵图》《武侯八阵图》等,《宋史·兵志十一》中有《龙虎八阵图》,《武经总要前集》中记载有"本朝八阵法"。另外,"八阵"在古代的流布与演化也非常广泛,相传远古圣王黄帝曾有"风后八阵",西周之时曾有"太公八阵",春秋战国有"司马穰苴八阵""孙子八阵""吴起八阵",汉代有公孙弘授霍光之"八阵",三国时期有诸葛亮之"八阵",西晋有马隆之"八阵"等。戚继光在《纪效新书》中也曾提及"八阵"。

值得一提的是,我们现在常用的成语"五花八门",本意即指"五花阵"和"八门阵"。"五花八门"正是以两者种类繁多、变化无端来形容事物的形形色色、多种多样。另外,唐代诗人杜甫入蜀后,曾作《八阵图》一诗咏怀诸葛亮,诗的前两句为"功盖三分国,名成八阵图"。

除上述阵形外,尚有其他流布甚广的阵形,诸如"十阵"以及唐代军事将领李靖发明的"六花阵"等,限于篇幅,我们在此不一一介绍。总之,这些阵形皆由基本的几何形状组合和变化而成,可同时部署步兵与车骑、攻守相配,还可因地制宜,根据不同的地理条件加以变换。可以说,各类阵形正是"奇正相生"的兵家思想在军事实践中的施展与运用。

六

兵无常势

正如阵形之变化无端、应变无穷，古代兵家讲求"兵无常势"。简单说来，这里的"势"指形势、形态，"兵无常势"即依据敌人的具体情况制定战略战术，而不拘泥于一成不变的准则。

《孙子兵法》曾数次论及"势"这一思想观念。《始计》篇谓："势者，因利而制权也。"杜牧注此句曰："夫势者，不可先见，或因敌之害，见我之利；或因敌之利，见我之害，然后始可制机权而取胜也。"[1]也就是说，"势"是不可预先决定的，只能依据敌方优劣和战时的具体情况而采取措施以战胜敌人。另外，《兵势》一篇提到"战势不过奇正"，也说明了"势"并非仅为定则，取胜还需奇正相生、因时而动。

而关于"兵无常势"，《孙子兵法·虚实》曾以水喻兵阐发道：

> 水因地而制流，兵因敌而制胜。故兵无常势，水无常形，能因敌变化而取胜者，谓之神。

---

[1] 详见孙武撰，曹操等注，《十一家注孙子》，北京：中华书局，2012年，第12页。

水依据地形变化而不断改变流动的方向及形态。同理，用兵也应当依据敌方的情势制定相应的取胜之道。用兵不存在定法，正如水流无常形，能够应对对方的变化而取胜者，即可称之为"神"。

除《孙子兵法》以水喻兵之外，《尉缭子》中也有"胜兵似水"的说法：

> 胜兵似水，夫水，至柔弱者也，然所触，丘陵必为之崩，无异也，性专而触诚也。今……三军之众，有所奇正，则天下莫当其战矣。

水柔弱而能胜刚强的意象在中国思想中时常出现，不仅广泛运用于古代中国哲学，亦常运用于兵家谋略、古代文学乃至书法艺术等诸多领域。《尉缭子》在此借用了水的喻象，指出水虽然至为柔弱，却蕴含着使丘陵崩坏的能量，但凡水流经之处，一切最终将被其冲刷乃至改变形态、分崩离析。之所以能够如此，原因就在于水长流不息，且能随机应变。用兵打仗若能持之以恒因敌变化，则天下莫能与之敌。

若再向前探究，以水喻兵、探究水之德义，称颂水因地而变、以弱胜强的思路可追溯至《道德经》。《道德经》第八章曰"上善若水，水善利万物而不争，……事善能，动善时。夫唯不争，故无尤"，第七十八章曰"天下莫柔弱于水，而攻坚强者莫之能胜，其无以易之"，讲的正是水虽然至为柔弱，但能够与时迁移、应物变化，因此即便不主动争斗，天下万物也莫能与之争。

总之，正如阵法的千变万化、奇正的相互配合，古代兵家也讲求"兵无常势"，提倡审时度势、因敌制胜。

七

天时地利人和

对于古代兵家而言，若说有什么比具体的用兵方略和排兵布阵更为根本、更加重要，那便是统一民心。在他们看来，通过和合民心而达到"天时、地利、人和"，乃是用兵的至高境界。

大致说来，所谓"天时"本指作战时的有利气候，泛指时间上的各种有利条件，包括天气、时机、机遇等；"地利"本指作战时的有利地形，泛指空间上的各种有利条件，包括地形、地势、区位等；"人和"本指得到人们拥护，上下同心，团结一致，泛指人的优势。三者皆为用兵打仗的重要因素，故《孙膑兵法·月战》谓"天时、地利、人和，三者不得，虽胜有央"。而在这三者中，"天时不如地利，地利不如人和"（《孟子·公孙丑下》）。从根本处说，对战争乃至政治最具决定性的因素乃是"人和"，亦即上下协调、民心一致。而"人和"的实质内容便是"仁政"与"民本"。正如《孟子·离娄上》所说，"得天下有道，得其民，斯得天下矣"。再者，《孟子》一书多次提到文王以百里之地而王天下，意图也在于表明"民"的维度在战事乃至政治中的根本性作用。

《孟子·梁惠王下》记载了齐宣王与孟子的一则谈话。齐人伐燕而胜之，齐宣王犹豫不决是否应当就此进一步讨伐和兼并燕国，便问孟子。孟子回答道："取之而燕民悦，则取之。……取之而燕民不悦，则勿取。"从这一番话可知，孟子认为战争的最终结果取决于民，民心向背决定了孰胜孰负。

荀子同样曾阐发"天时、地利、人和"的军事与为政理念，并强调"人"的重要性。据《荀子·议兵》记载，临武君与荀子议兵于赵国国君孝成王之前，赵孝成王问"用兵之要"，临武君首先回答道：

> 上得天时，下得地利，观敌之变动，后之发，先之至，此用兵之要术也。

荀子则提出：

> 凡用兵攻战之本在乎一民……士民不亲附，则汤、武不能以必胜也。故善附民者，是乃善用兵者也。故兵要在乎善附民而已。

在临武君看来，战争的几大要素在于天时、地利和对敌方形势的探察，做到后发先至、静观敌方优劣而后采取行动，从而战胜敌方；荀子则从根本处探究发现，用兵攻占之本在于统一民众、团结一心。如果做不到这一点，即便是像商汤、周武王这样的圣人也不见得必定取胜。由此可见，善于亲附人民者方是真正善于用兵之人，即用兵的要义在于亲民。

总之，在中国古代思想家看来，人与天地密切相关，《易传》谓"有天道焉，有人道焉，有地道焉"，天、地、人三者乃是相互贯通的整体，遵循着共通的法则。因此，无论是在军事活动中，还是人类事务的其他领域，天、地、人的融贯和合都显得极为重要。具体到用兵方略，则需"天时""地利""人和"共同配合。当然，其中最为根本的因素在于"人和"。这样的思想也和中国传统政治中"以民为本""仁政"的价值理念息息相通。

文化关键词

上兵伐谋

用兵的上策是挫败敌方的计谋。是古代军事家孙武提出的一条军事原则。在孙武看来,军事斗争是在不同层面展开的。不同层面的斗争都可以对战争胜败产生重要的影响。其中,武力攻伐对于双方都会造成极大的伤害,因此是不得已的选择。善于用兵之人应在武力斗争发动之前,运用谋略破除敌人的进攻威胁,或为己方的武力攻伐扫清障碍,以最小的代价实现战略目标。

天时地利人和

"天时"本指作战时的有利气候,泛指时间上的各种有利条件,包括天气、时机、机遇等;"地利"本指作战时的有利地形,泛指空间上的各种有利条件,包括地形、地势、区位等;"人和"本指得到人们拥护,上下同心,团结一致,泛指人的优势。古人认为,它们是事关成败的三种最重要的因素;而且"天时不如地利,地利不如人和",其中起决定作用的是"人和"。它反映了中国人考虑问题的三个基本向度——时间(时机)、空间(环境)和人,体现"以人为本"的基本理念。

篇五 仰观俯察

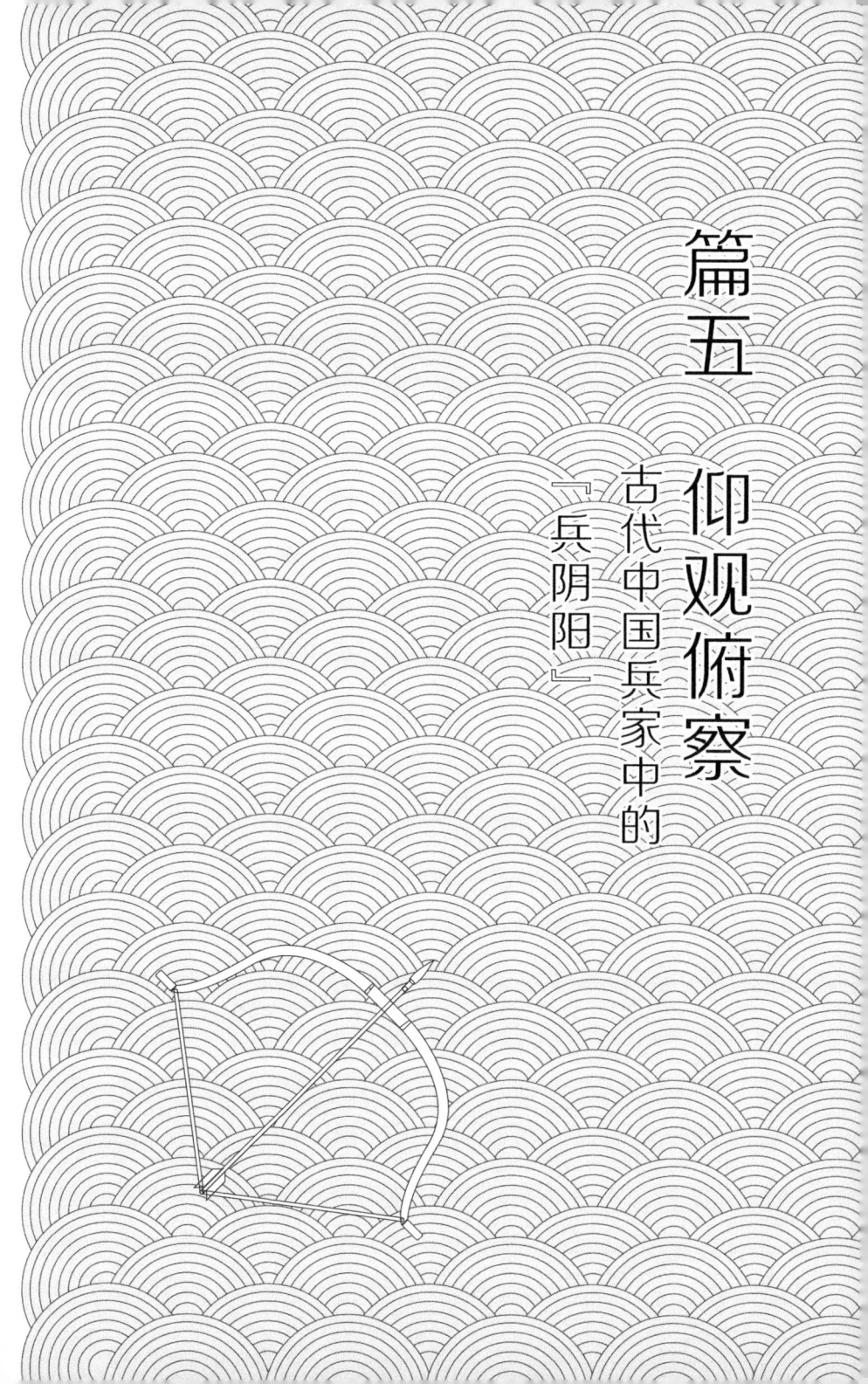

古代中国兵家中的「兵阴阳」

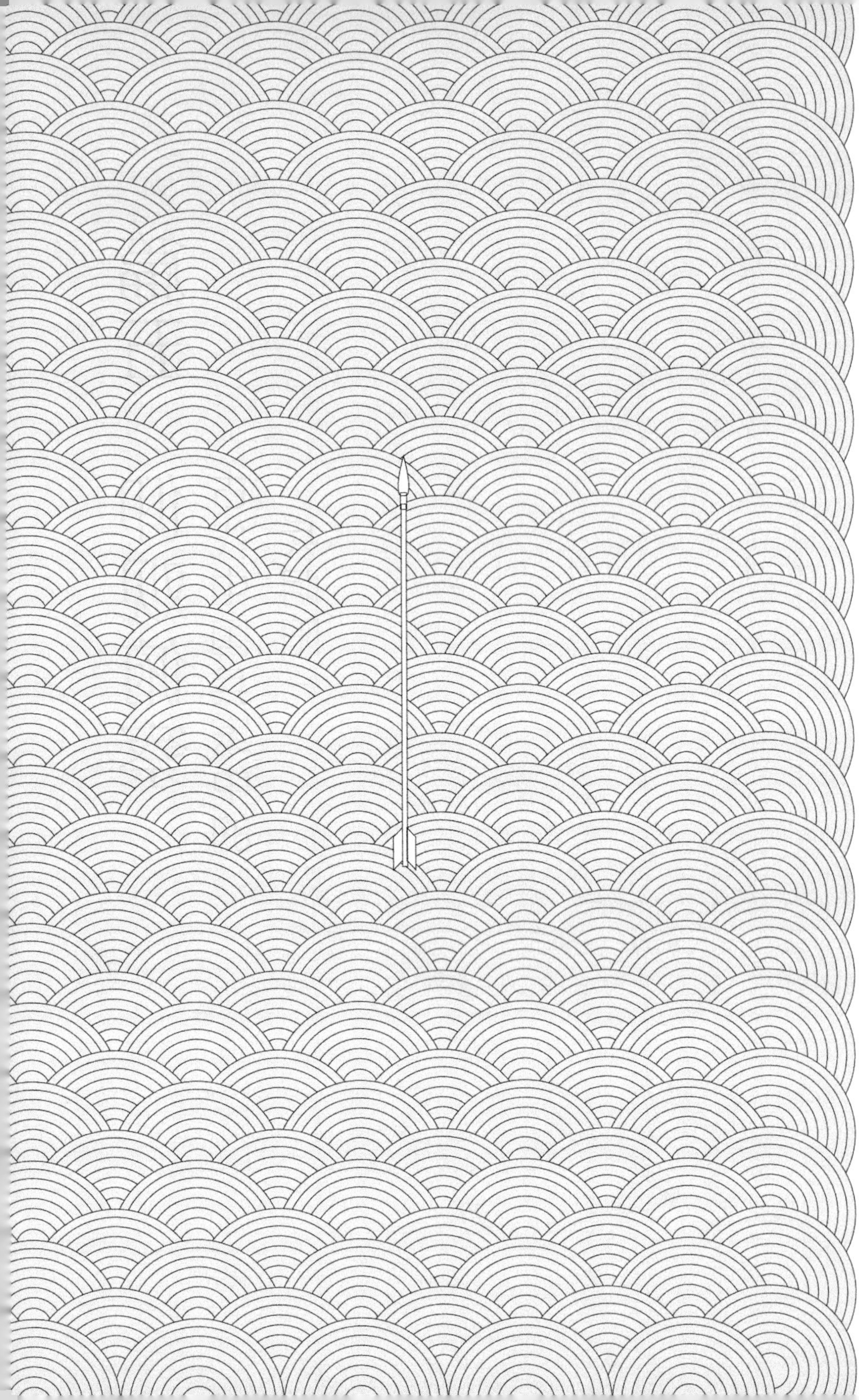

《汉书·艺文志》将兵书类文献共分为四类，"兵阴阳"即为其中之一。大致说来，"兵阴阳"与古代的巫术、术数、阴阳家思想密切相关，是巫术、术数、阴阳五行等在军事领域的施展与运用。《周易·系辞上》谓"仰以观于天文，俯以察于地理，是故知幽明之故"，"兵阴阳"同样如此——试图通过对天象地形的观察和方技术数的运用而通达用兵之道。

"兵阴阳"在古代兵家思想与军事活动中应用广泛，《孙子兵法》《吴子兵法》《司马法》《孙膑兵法》等兵家著作中都或多或少包含有"兵阴阳"的思想成分，各类军事活动也时常运用兵家术数与"兵阴阳"。大致说来，"兵阴阳"的内容包括军事祭祀、祝咒盟诅、卜筮、天文气象占、风角音律占、鸟占、梦占、地形占卜等。下文择取部分内容予以介绍。

◆ 汉代画像石中的蚩尤形象

一

黄帝战蚩尤：上古神话中的"兵阴阳"

据《史记·五帝本纪》记载，黄帝为远古之时的"五帝"[1]之首，因居轩辕之丘而名"轩辕"；蚩尤则为九黎部落的领袖，乃是远古神话中的武战神。同时，蚩尤以最早铸冶兵器著称，相传为"五兵"[2]的发明者。黄帝曾与炎帝战于阪泉，三战而胜炎帝。而后蚩尤作乱，黄帝战蚩尤于涿鹿之野，并最终获胜，从而被各诸侯尊为天子。

《史记》对"涿鹿之战"的记载颇为简洁，先秦时期的神话地理志《山海经》则进一步演绎了这个故事。《山海经》的描述妙趣横生，为"涿鹿之战"增添了不少奇幻色彩，令人浮想联翩。另外，《山海经》的演绎中还蕴涵着"兵阴阳"的雏形与思想元素。

《山海经》说蚩尤制造兵器攻打黄帝，黄帝于是命应龙[3]战蚩尤于冀州之野。应龙与蚩尤各显神通，应龙欲蓄

---

[1] 传说中的上古帝王。一说指黄帝、颛顼（zhuān xū）、帝喾（kù）、尧、舜。

[2] 五种兵器，所指不一，泛指各种兵器。

[3] 古代传说中一种有翼的龙。

◆《风雨图》（局部），出土于河南南阳王庄汉画像石墓。

水，而蚩尤请来了能够兴风的风伯和能够降雨的雨师助战，风伯与雨师大施狂风暴雨。黄帝难以应对，只得请来天女魃帮忙，魃能兴起旱灾，消弭风雨。在魃的帮助下，黄帝最终得以战胜蚩尤。

早期中国有一类称为"巫觋"[1]的人，女曰巫、男曰觋。巫觋的职能在于通过祭祀与祝祷等方式沟通天人，将神的意志传达于人间，也将人的祷告递送至神明。殷商甲骨文中有不少关于巫觋的内容，足以见得巫觋传统渊源久远。此外，《周礼》《左传》等早期文献中也不乏关于巫觋的记载，这些内容多与祭祀、祈祷、禳灾[2]、占卜、沟通鬼神等相关。而在古代军事活动中，祭祀、祈祷和占卜都是极为常见的行为，"兵阴阳"涉及的主要就是这些内容。就军事祭祀来说，祭祀先祖是一项主要内容。除此之外，还有祭祷上天、日月星辰、山川、河神等，以期获得神明保佑、掌握"天时"与"地利"。

在古代兵家文献及其他历史文本中，我们都可以找到不少关于军事祭祀的记载。例如，《司马法·仁本》中的"贤王制礼乐法度，乃作五刑，兴甲兵以讨不义。……乃告

---

[1] 觋：音 xí，男巫师。

[2] 禳：音 ráng，祈祷消除灾殃。

于皇天上帝日月星辰，祷于后土四海神祇山川冢社，乃造于先王"，说的正是战前的各类祭祀，祭祀对象包括上天、先祖、山川河流等。另外，《周礼·春官》也提到"国有大故则旅上帝及四望"，其中，"旅"为祭祀的一种，"四望"指面向四方、遥祭山川。也就是说，在国家遭遇战争等灾难时要祷告上天神明与四方山川。再者，《左传》中有不少关于战前祭祷于河的内容，如文公十二年（公元前615年）秦晋河曲之战，"秦伯以璧祈战于河"，试图通过祭河而得到神灵护佑，取得战争胜利。襄公十八年（公元前555年）晋国伐齐，中行献子沉玉于河而祷。总之，古代军事活动时常通过祭祀上天神明、先祖、山川河流等而期望蒙受护佑、取得战争胜利。回到《山海经》，蚩尤请风伯与雨师降下狂风暴雨、黄帝请天女魃止息风雨，这或许正是从古代军事活动对神灵与自然的祈祷演绎而来，是"兵阴阳"某种神话化的表现形式。

此外，北宋类书《太平御览》中也有黄帝战蚩尤的神话记载。《太平御览》的描绘与《山海经》略有出入，按照其记述，黄帝最终战胜蚩尤主要得益于风后与玄女的帮助。风后是黄帝的辅臣之一，发明了指南车与八阵图。指南车能够突破蚩尤兴起的风雨云雾，而八阵图则属于阵法，按照九宫图类的式图排兵布阵，与式法占卜有所关联。另外，天降玄女授黄帝"兵信神符"以战蚩尤,"兵信神符"即兵书与符咒,据传也与式法相关。古代有不少关于式法的书托名于风后与玄女,而式法占卜乃是"兵阴阳"的重要内容。

总之,黄帝战蚩尤的神话中蕴含有不少"兵阴阳"的思想成分,既包括军事祈祷,也包括"式图"和"式法"的相关内容。从上古传说中,我们已经可以看到"兵阴阳"的发展端绪。

（二）"师出以律"："兵阴阳"中的风角音律占

除军事祭祀与祝祷外，军事占卜也是"兵阴阳"中一类重要活动。占卜的方式门类繁多，包括传统的龟卜与占筮，观测日月星辰、云气等的天文气象占，基于五音的风角音律占，梦占及诸杂占等。所谓风角音律占，指的是以风角、五音占四方四隅之风而定吉凶。风角音律占的起源甚早，自战国起便已开始流行。《周易》六十四卦之一"师"卦的卦辞中有"师出以律"的说法，这里的"律"后来泛指纪律，而按照唐代经学家孔颖达的注解，"律"本指音律，"师出以律"是说军队出征以唱和为发始，从而齐整师众。事实上，这其中已有音律占卜的意涵，出征前的歌声传递了军队的士气与大体情状，顺此可以制定相应的对战策略、预判战争结果。到了汉代，"音律"与"风角"的运用都已十分广泛。

黄帝战蚩尤时风伯兴风，其中便可依稀见得"风角"之端倪。《左传》记载的春秋时期的晋国乐师师旷能够听音以占吉凶，则为战国以来"风角音律占"之发端。《左传·襄公十八年》载："晋人闻有楚师，师旷曰：'不害，吾骤歌北风,又歌南风,南风不竞,多死声,楚必无功'。"[1]这是说,晋国听闻楚国将兴兵伐晋,师旷表明不必担忧——"我屡歌北曲,又歌南曲,南曲乐音微弱,多肃杀之声,楚国必定不会战胜。"师旷是一位盲人,但精通音律且听觉极其敏锐,通过听音便可以预先辨知吉凶。师旷断言,南曲微弱,楚国必败。

师旷的吹律听声以定吉凶后来发展成为"兵阴阳风角音律占"中一类专门的数术,即"五音之术"[2]。简单说来,"五音之术"乃是将"五音"与"五行"相结合而形成的军事数术活动。五音合分相配而五行相生相克,通过触类旁通的基本原理,便可依据"五音"和"五行"判断敌情变化、预测战争结果。《六韬》中的《龙韬·五音》一篇便主要记载了相关内容。在这一篇中,周武王和姜太公有两组关于音律、五行与战争预测之关系的问答。武王询问太公是否真的可以通过音律来判知敌情与战争胜负。太公回答说五行和音律来自天地自然,是微妙玄通之天地奥秘具体而微的显现。将二者

---

[1] "北风""南风"之"风"指曲调,《诗经》有国风,即指各国之乐曲,"北风南风犹今云北曲南曲"。详见杨伯峻:《春秋左传注》(第四册),北京:中华书局,2016年,第1147页。

[2] 五音:中国五声音阶中的宫、商、角、徵、羽五个音级。

结合起来，不仅能够了知敌情、预测战争吉凶，还可依据敌情排兵布阵，从而运筹、制胜。

除《六韬》外，《太平御览》第三二八卷所引之《六韬》佚文中也曾提到五音之术，《汉书·艺文志·数术略》"五行类"中收录有《五音奇胲用兵》[1]，先秦道家著作《鹖冠子》[2]的"世兵"和"天权"篇中也数次提到善用兵之人"陈以五行，战以五音"。自汉代至隋唐时期，五音之术在军事中的运用已十分广泛，并时常与风角、鸟情（依据飞鸟鸣叫之声占卜）等方术交错并用。《隋书·经籍志》中即著录有数十余种风角、鸟情、五音之书。

以上是关于"五音"之术的简要介绍，下面我们再来看"风角"之占。

"风角"之占的主要观测对象为季节风，通过观察"季节风的风向变换和冷暖强弱来说明阴阳二气的消长"[3]，从而判断吉凶、制定相应的作战计划。与音律占卜一样，"风角"在汉代以降的军事占卜中也频繁使用。另外，"风角"滥觞于商代的候风以授农时，起源极早。殷墟甲骨文卜辞

---

1 胲：音hǎi。"奇胲"指兵略。
2 鹖：音hé，古书上说的一种善斗的鸟。
3 李零：《中国方术正考》，北京：中华书局，2006年，第39页。

中已有先古之人通过"四方风"进行农业占卜的记载，在商代人的宇宙观中，风的变化代表着四时的变换流转以及昼夜的短长交替，因此与农业生产息息相关，通过不同时节风的形态与方向可以预卜年岁收成。将占风运用于农业的做法在汉代仍旧流传，但其另外一个重要的发展方向便是运用于军事领域，从而形成了"风角"之术，即以季节风的情状制定军事策略、预测战争结果。如前文所述，《隋书·经籍志》中收录有不少风角之书。另外，1972年山东临沂银雀山汉墓出土的竹简中有《天地八风五行客主五音之居》一书，详细论述了如何利用风角及五音推测战争的主客胜负。

事实上，《三国演义》中诸葛亮"草船借箭"的故事即蕴含着"风角"占卜的思想元素。周瑜欲与曹军水战，令诸葛亮于十日之内监造十万支箭以应敌。诸葛亮观气象而知三日之后必有大雾，于是在第三日凌晨令二十艘载满草束的船只趁着雾大开近曹军水寨。曹操在重雾之中不敢轻举妄动，只得令弓弩手万余人朝江中放箭。一时之间箭如雨发，船上的草束很快便插满箭支，船只载箭而归。事后，鲁肃问诸葛亮何知三日之后将有重雾，诸葛亮谓："为将而不通天文，不识地理，不知奇门，不晓阴阳，不看阵图，不明兵势，是庸才也。"这里的天文地理、奇门与阴阳、阵图与兵势，讲的都是"兵阴阳"中的门类与方术。在诸葛亮看来，出色的军事将领必须具备这些知识以辅助作战。

总之，作为"兵阴阳"中的一大门类，风角音律占起源甚早，并在战国至隋唐之际的军事活动中得以发展与广泛应用。风角音律占不仅与古代的气象学、农业生产关系密切，同时也是中国古代宇宙观念在军事领域的展现。

三

"天事恒象"："兵阴阳"中的天文星气占

天文星气占卜是"兵阴阳"中另一类重要方术。事实上，早在春秋之时，天文占术便已广泛运用。成书于春秋时期的编年体史书《左传》中有很多关于天象异动及相应占卜的记载。《左传·昭公十七年》谓"天事恒象"，也就是说，天道以象类来告示人，观天道可以明人事。这既代表了古代中国对天地宇宙、外部世界的理解，也构成了天文占卜术的思维基础。

原始农牧时期的人们与自然界有很多切身的互动，因此，在古代中国人的观念中，宇宙万象、日月星辰绝不仅仅是辽远空阔的物理存在。相反，它们与人的存在息息相关，它们的情状与变化也会直接或间接影响人，古人由此格外关注自然世界与外部空间。《周易·系辞上》说："仰以观于天文，俯以察于地理，是故知幽明之故"，认为通过仰观天文而俯察地理、探究天地万象、四时流转、山川河流，便可体察人生精妙玄通的终极之理。《道德经》第二十五章谓"人法地，地法天，天法道，道法自然",认为个体、人类世界的存在与活动应当取法于地、地取法于天、天取法于道,而道因其自然而行。总之,无论是《周易》,还是《道德经》,所呈现出的都是一派人与天地自然息息相关、豁然贯通的磅礴景象。这样的宇宙观影响了中国人的思维方式,同时也广泛运用于具体生活的众多方面。在"天人合一"的思想观念之下,天文气象可用以预测和解释人类活动,"兵阴阳"中的天文星气占所运用的也正是这样的思维方式。西汉时期的哲学著作《淮南子》说:"明于星辰日月之运,刑德奇賌之数,背乡左右之便,此战之助也。"[1]也就是说,通晓天象与其他类型的数术方技,将对战争有所辅助。

天文星气占的对象与内容颇为丰富,包括对日食与月食、星象与云气等的占卜,简要介绍如下:

(一)日食与月食

对日食和月食的占卜在"兵阴阳"的天文星气占中极为常见。其中,日食的意义较之于月食更为重要。《淮南子》曾提到:"欲知天道,以日为主"(《淮南子·天文训》)。就是说,意欲知晓天地宇宙的运行准则,应当以

---

[1] 賌:音gāi。奇賌:奇秘,非常。

太阳的活动变化作为主要参考。总体而言，在中国古人看来，日食乃是不祥之兆。例如，《诗经·小雅·十月之交》记载了发生于周幽王六年（公元前776年）的一次日食，这也是中国现存关于日食最早、最明确的记载。诗中谓："十月之交，朔日辛卯。日有食之，亦孔之丑。"这里，"孔"指"甚"，"丑"即为"恶"。也就是说，十月之初发生的日食是极凶之兆，根本原因在于周幽王昏庸无道，致使灾异频发。

中国古代各类典籍中，关于日食的记载层见叠出。诸如《尚书》《诗经》《左传》等早期文献中都有不少相关内容。其中，《左传》的记载尤为详尽丰富。作为编年体史书，《左传》的叙事内容与书写目的主要在于记事记言，以为后世借鉴。也就是说，《左传》对历史事件的记载旨在呈现其中或微或彰的政治意涵，将历史叙事与现实政治相勾连，对日食以及其他天文现象的记载当然也不例外——绝不仅仅是作为自然现象加以记录，而是作为政治事件、国事预兆加以记录。

《左传·昭公七年》记载了这样一则围绕日食展开的政治对话与吉凶预测：

夏四月甲辰朔，日有食之。晋侯问于士文伯曰："谁将当日食？"对曰："鲁、卫恶之，卫大鲁小。"公曰："何故？"对曰："去卫地，如鲁地，于是有灾。鲁实受之。其大咎，其卫君乎，鲁将上卿。"

这是说，昭公七年（公元前535年）夏四月初一发生了日食。当时的晋国国君晋平公询问士文伯说："谁将因为这次日食蒙受灾祸？"士文伯回答说："鲁国和卫国将受灾，卫国灾大而鲁国灾小。"晋平公问原因，士文伯说："因为此次日食发生的范围自卫国分野[1]开始，而延续至鲁国分野，这预示着两国都将发生灾祸，卫国之灾将由国君受之，而鲁国则是上卿受之。"古人观念中日食和国家吉凶的关联在这里非常直观地展现了出来。

另外，《左传·昭公三十一年》也记载了一则关于日食的材料。在这则材料中，日食被用于军事占卜：

---

[1] 为了借助星象断吉凶，古代占星家将天上的星空区域与地上的州、国相互对应。在天文，称为"分星"；在地面，称为"分野"。

十二月辛亥朔，日有食之。是夜也，赵简子梦童子羸而转以歌。旦占诸史墨，曰："吾梦如是，今而日食，何也？"对曰："六年及此月也，吴其入郢乎！终亦弗克。入郢，必以庚辰。日月在辰尾。庚午之日，日始有谪。火胜金，故弗克。"

这是说，昭公三十一年（公元前511年）十二月发生了日食。日食当晚，赵简子梦到孩童裸身随着音乐跳舞的场景，于是请来史墨占卜。史墨预测："六年之后的此月，吴国将会攻打楚国都城郢，但终究不能取胜。因为吴人攻郢必须在庚辰日，日月在辰尾（星宿名）交会之际。而庚午之日太阳开始受亏，火胜金，吴国终将不克。"从这则材料不难看出，通过日食乃至其他天文现象进行的军事占卜事实上有一套复杂的理论系统和意义网络为基础，其中杂糅了星象天文、阴阳五行等众多思想元素。

占月食在"兵阴阳"的军事占卜中也十分常见。古兵书《司马法》中有"月食班师，所以省战也"的说法，认为兵事为阴，而月食象征着阴毁，因而月食之时不宜出兵征战，而当息兵省战。《史记·匈奴列传》记载："单于朝出营，拜日之始生，夕拜月。……举事而候星月，月盛壮则攻战，月亏则退兵。"可见，依据日食与月食乃至其他星象变化而决定是否采取军事行动的做法在少数民族中也是常见的。

（二）星象与云气

古代中国关于星象的占卜主要是观测岁星（木星）、荧惑（火星）、镇星（土星）、太白（金星）、辰星（水星）、彗星与流星等的运动，通过它们的运行轨迹预测军事行动和其他国家大事之吉凶。

古代中国有不少关于星气之占的书目，但绝大多数今已亡佚。而今存留于世的占经中，唐朝瞿昙悉达所作之《开元占经》是较为著名的一部。另外，马王堆出土的帛书中有《五星占》和《天文云气占》，主要内容都与星象云气占卜相关。除了专门的占经之外，诸如《左传》《史记》《汉书》等古代文献中也存留有不少记录星气占卜的内容。下文试举例若干。

首先来看基于岁星的预测。在古人的观念中，岁星为吉星，得岁星为瑞兆。东汉时期的哲学著作《论衡》谓："岁星，东方也，东方主春，春主生物，故祭岁星，求春之福也"（《论衡·祭意》）。这是说，岁星在方位上居东，对应于四时则为春。春季万物生发，生机蓬勃，象征福瑞。《淮南子》也提到："岁星之所居，五谷丰昌"（《淮南子·天文训》)。《史记·天官书》中也有类似的说法。总之，岁星运行至某国分野，即表征该国处于吉时。

《左传·昭公三十二年》记载了吴越两国之间的战争，史墨基于岁星的运行预测战争的最终结果说："不及四十年，越其有吴乎！越得岁而吴伐之，必受其凶"。对于这条内容，后世注家给出了诸多不同角度的解释。西晋时期的经学家杜预释此条曰："岁星所在，其国有福，吴先用兵，故反受其殃。"也就是说，岁星在越国的分野，则越国有福将至，吴国若对其用兵，则必然遭受失败。而关于史墨所提到的"不及四十年，越其有吴乎"，注家解释道："古人以为预测一国之存亡，不能超越木星周行三遍"[1]。木星周行一遍为十二年，三遍即为三十六年，因此史墨的意思是"四十年内，越国将攻占吴"。根据史书记载，越国的确在与吴国陆续交战三十五年后灭吴。

其次，基于彗星和流星的预测。相较于岁星所昭示的吉兆，彗星则被视为"妖星"，代表凶象。关于诸星运行失序并最终导致彗星出现所昭示的政治混乱，先秦时期黄老道家类的著作《文子》总结道：

---

[1] 杨伯峻：《春秋左传注》（第四册），北京：中华书局，2016年，第1516页。

> 政失于春，岁星盈缩，不居其常；政失于夏，荧惑逆行；政失于秋，太白不当，出入无常；政失于冬，辰星不效其乡，四时失政，镇星摇荡，日月见谪，五星悖乱，彗星出。

引文表明，不同星辰对应不同的季节，岁星、荧惑、太白、辰星分别对应春、夏、秋、冬四时，而镇星居中。若某一时节相对应的星辰出现星象异常，则表示彼时政治失序、局势混乱。而若四时失序，则镇星摇荡，并会发生日食与月食，彗星也会出现，表明时局极为凶险。

流星的出现与彗星一样，代表凶相。《后汉书·董卓列传》记载了东汉末年权臣董卓与叛将边章、韩遂所率羌军之间的一次对抗，董卓最终获胜。根据书中记载，边、韩的失败与当时出现的天文异象密切相关："十一月，夜有流星如火，光长十余丈，照章、遂营中，驴马尽鸣。贼以为不祥，欲归金城"。十一月的某个夜晚，流星突然划破夜空，光芒长达十余丈。流星的光亮直照边章、韩遂之羌营，驴马受惊而嘶鸣不止，羌军顿时军心大乱，认为天降异象必有不祥。董卓于是抓准时机，在次日一早发起袭击，击溃了边章与韩遂的军队。

再次，在军事活动中，占太白星是一项极为重要的内容。中国古代有"太白主兵"的说法,《史记·天官书》和《汉书·天文志》中都有不少占太白星而出兵征伐的内容。唐代学者李淳风所著之占书《乙巳占》也提到:"太白主兵,为大将,为威势,为断割,为杀害,故用兵必占太白:体大而色白,光明而润泽,所在之分,兵强国昌;体小而昧,军败亡国。"由于太白主兵,依据太白星的盈缺晦明可占知出兵之吉凶;以太白喻兵的意象,在古代文学作品中也数见不鲜。例如,唐代诗人王维的《陇头吟》写道:

> 长安少年游侠客,夜上戍楼看太白。
> 陇头明月迥临关,陇上行人夜吹笛。
> 关西老将不胜愁,驻马听之双泪流。
> 身经大小百余战,麾下偏裨万户侯。
> 苏武才为典属国,节旄落尽海西头。

意气风发、豪情壮志的长安少年夜登戍楼,观测太白星的星象,企盼有朝一日能驰骋沙场、建功立业。疆土的另一端,明月高悬边塞,陇上行人在凄冷的月光下吹笛以寄哀思,引得骑马经过的老将闻笛驻马、泪水潸然。战争的残酷与无奈宛在目前。

最后,古人除占星象之外,也占云气,亦即依据云的颜色与形状,以及日月光线经云层或雨雾折射而形成的晕、珥、虹、霓等进行占卜。《左传·僖公五年》说:"凡分、至、启、闭,必书云物,为备故也。"[1]也就是说,古人在重要节气之时皆会观测天象、记录云气,其目的即在于验证祥瑞与灾异。限于篇幅,此处不再举例。

---

[1] 分:春分、秋分;至:夏至、冬至;启:立春、立夏;闭:立秋、立冬。

四

"断以筮龟":"兵阴阳"中的卜筮之占

龟卜与占筮的起源十分古老，以目前的考古发现来看，二者至少都可以追溯至商代。在春秋战国时期，卜筮也是极为常见的占卜活动。简单说来，"卜"指龟卜，亦即灼龟甲以观吉凶；"筮"为策筮，亦即揲蓍草以定福祸[1]。《礼记》说："龟为卜，筴为筮。卜、筮者，先圣王之所以使民信时日、敬鬼神、畏法令也，所以使民决嫌疑、定犹与也。"（《礼记·曲礼上》）不难看出，在古代中国，卜筮不单单是一项预测活动，它的深层动机是对宇宙秩序、鬼神信仰、法律政令的信奉和遵从。关于卜筮与宇宙万物的内在关联，《左传》提到：

> 龟，象也。筮，数也。物生而后有象，象而后有滋，滋而后有数。

---

[1] 揲：音shé，用手抽点成批或成束物品的数目；蓍：音shī。蓍草为多年生草本植物，古代用其茎占卜。

◆ 国家博物馆藏商代祭祀刻辞龟甲

也就是说，卜用龟，灼龟甲而生兆象，观之可测吉凶，因而称为龟卜；筮用蓍，揲蓍草可得卦，依蓍策之数可定祸福，所以称为筮数。宇宙之中，先有万物而后有象，有象则万物可繁衍生长，万物生长各异则有多少之数。按照《左传》的逻辑，借助象、数而进行的卜筮活动根植于对宇宙万物演化过程的观察与模拟，与万物的生长演化相符合，因此卜筮的结果自然是可信的。

有趣的是，龟卜和占筮的运用还与上古对"动物之灵"和"植物之灵"的原始宗教崇拜相关。宋代类书《太平御览》引《洪范五行传》谓："龟之言久也，千岁而灵，此禽兽而知吉凶者也。蓍之为言耆也，百年一本，生百茎，此草木之寿知吉凶者也，圣人以问鬼神焉。"古人认为，龟极为长寿，蓍草需百年方长成，都是历时弥久之物，分别代表动物与植物之极为灵秀者，因此可用而占吉凶。

在实践层面上，卜筮的运用十分广泛。上至国家大事（如祭祀与战争），下至民众事务（如嫁娶）都时常通过卜筮进行预测。以卜筮预测战争吉凶更是极其普遍。《周礼·春官》谓："大师，则贞龟"，亦即在大的战争之前需要用龟甲占卜；《史记·龟策列传》也提到："王者发军行将，必钻龟庙堂之上，以决吉凶"，表达的是同样的意思。

历史典籍中关于军事占卜的记载比比皆是，不仅能否发动战争需要卜筮，临战与战中也都需要卜筮。例如，关于决定发动战争与否的占卜：据《左传·哀公九年》所载，春秋末年，宋国伐郑，晋卿赵鞅欲伐宋救郑，龟卜而得兆象曰"水适火"，史龟、史墨、史赵三位大臣借助"水""火"的寓象，分别从姜姓的历史（齐国为姜太公的封地，故史龟以姜姓历史为契解读兆象）、赵鞅的名字，以及五行关系等三方面，告诫赵鞅只可攻齐、不可伐宋。而后，阳虎又以《周易》筮之，得到的结果同样指示伐宋不利。赵鞅于是遵从卜筮结果，放弃了伐宋的计划。

关于临战占卜，据《左传·成公十六年》记载，鄢陵之战中，楚共王在战前登巢车[1]以观察晋军动向，看到了晋军进行一系列战前准备，其中包括"虔卜于先君"与"战祷"，亦即卜于先祖并向神祈祷。晋厉公同样探察了楚军的情况，并请太史占筮。太史占而得《周易》之"复"卦，谓其吉。晋厉公遵从卜筮结果而展开攻战。另外，战争之中，卜、史等神职人员也会随行于军中，以便随时问询。

除却上文所提到的风角音律占、天文星气占，以及龟卜和占筮，"兵阴阳"的卜祀活动尚包含其他很多内容，例如

---

[1] 巢车：中国古代一种设有望楼、用于观测敌情的战车。

占梦、祭祀、禳祷（通过祭神消灾祈福）、诅咒、厌胜（用巫术手段避祸趋福），以及其他各种杂占和巫术等。这些活动种类繁多、形式驳杂，在终极层面上蕴含着"兵阴阳"乃至古代中国对宇宙秩序的认识与理解，在实践层面上深刻影响着古代战争史的进程。

文化关键词

天文

天体、天气的运行变化及其规则。出自《周易》。日月星辰的运行、四季昼夜的交替、寒暑风雨的变化，都呈现出某种恒常的法则，这即是"天文"。古人认为，人伦生活与天地万物遵循着相通的法则。因此，人们可以通过对"天文"的观察与效法，确立人伦生活的秩序。

象数

占筮所依据的形象和数字。"象"最初指龟卜中所呈现的兆纹，"数"则指占筮中蓍草推演的数字，"象数"是推断吉凶的基本依据。在《周易》的意义体系中，"象"指卦爻符号及其所象征的事物，"数"则指阴阳奇偶之数与蓍草演算之数。《周易》的一些解释者主张通过"象数"去推演天地万物的变化。

篇六 以礼为固

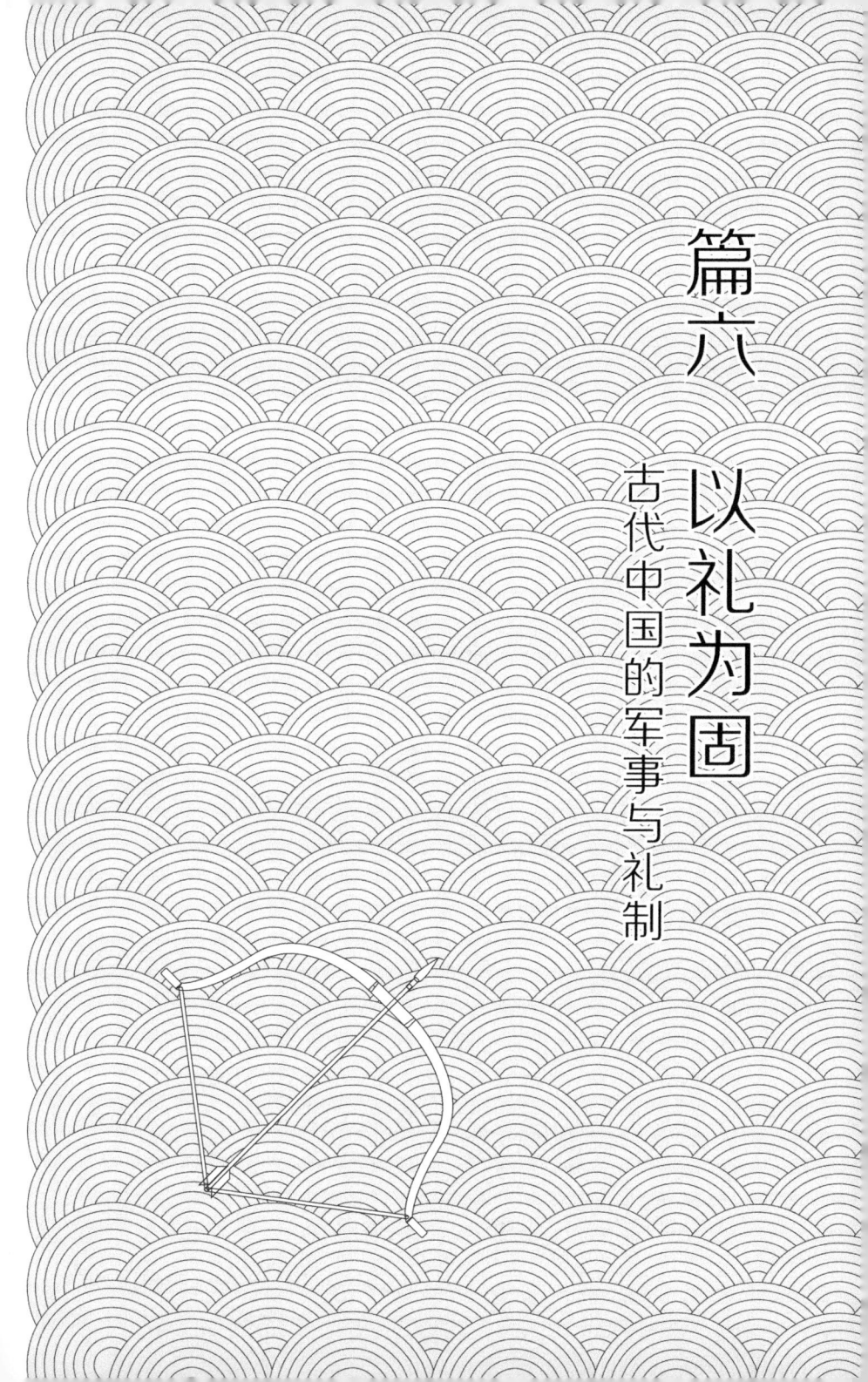

古代中国的军事与礼制

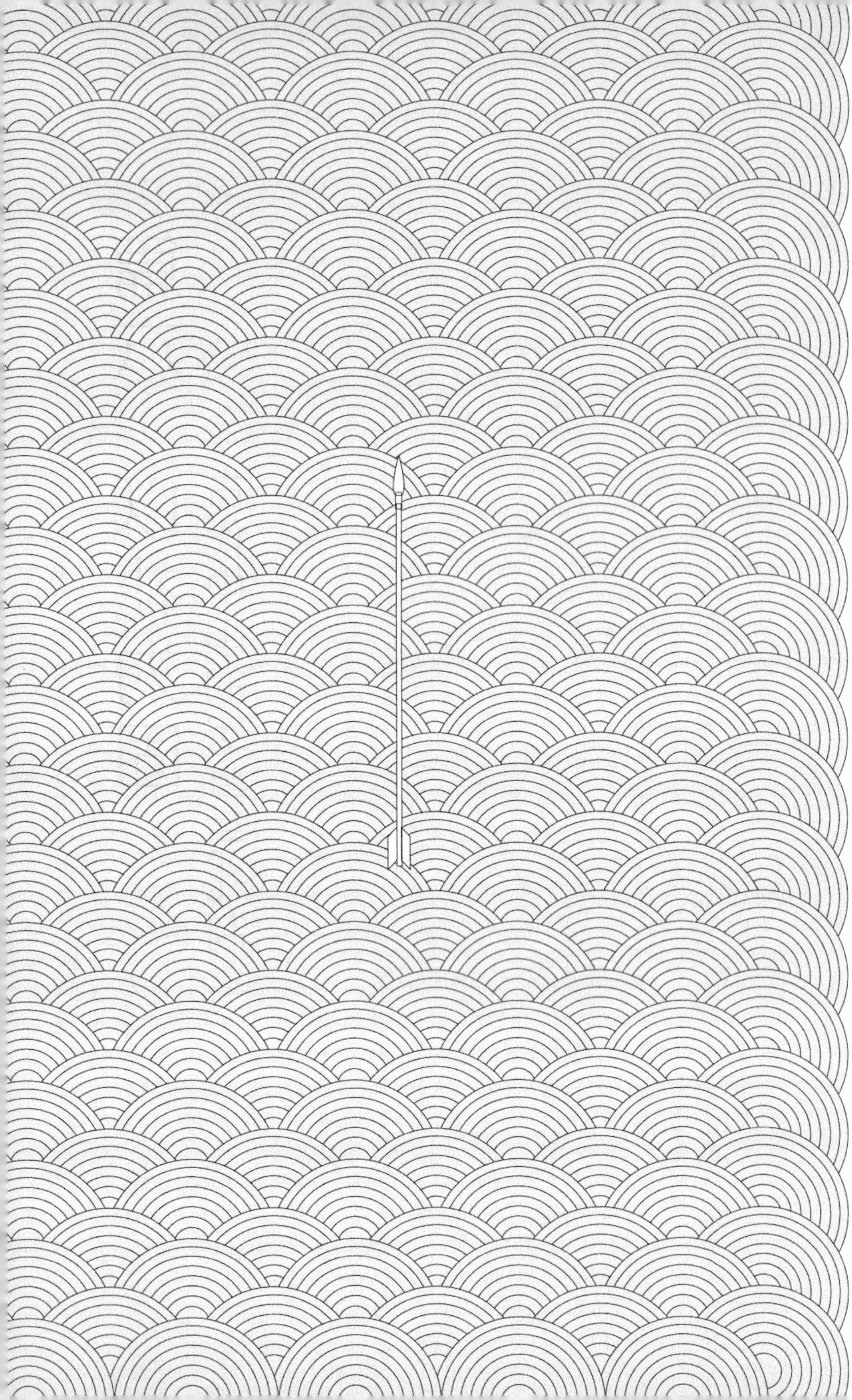

古代中国的军事活动与宗法及礼乐制度密切相关，军事活动自始至终皆遵循一定的礼仪准则，商周之际尤其如此。甲骨卜辞和《周易》《诗经》《左传》《国语》《周礼》等早期文献中都记载有不少与军事活动及军事礼仪相关的内容。另外，如前文所介绍的，《司马法》主要记载西周之时的军制与军礼，其中提到"以礼为固，以仁为胜"，就是说军事应当以礼制为准则，并通过仁义取胜。《汉书·艺文志》谓"下及汤武受命，以师克乱而济百姓，动之以仁义，行之以礼让，司马法是其遗事也"，说的也是同一层意思。当然，战国之时，随着礼乐制度的衰微，以及各诸侯国之间战争的频发，各类主张"以奇制胜"的军事策略逐渐取代了殷周之际"以礼为固"的军事伦理。

(1)出行、献俘、乐舞画像（局部）

(2)风伯、胡汉交战、献俘画像（局部）

◆汉代画像石中的军礼，见俞伟超：《中国画像石全集2·山东汉画像石》。

一

概说军礼

在早期历史文献及出土甲骨材料中,关于殷周之际军事活动的记载是极为常见的一类内容。透过这些内容,殷周军事礼制之大体亦得以窥见一斑。

礼制贯穿于军事活动之始终,军事活动的策划、发动、展开和结束都要遵循特定的礼制准则,也都有相应的礼仪活动穿插其中。

军礼作为一种特殊的礼制法则,是内嵌于整个宗法制内部的,也是礼乐制度的特定部分。《周礼》将吉礼[1]、凶礼[2]、宾礼[3]、军礼、嘉礼[4]并称为"五礼",并论及军礼的作用曰"以军礼同邦国",认为军礼可用以统一王室与各诸侯国,使得上下协同。因此,从形而上的层面来说,军事活动及其礼仪准则需要符合宗法制度及礼乐文明的精神宗旨与伦理指向。正如前文所提到的,这主要表现为以德性作为人文动

---

1 吉礼:祭祀之礼。《周礼·春官·大宗伯》曰:"以吉礼事邦国之鬼神示"。
2 凶礼:逢凶事时举行的哀吊之礼,包括丧礼、荒礼、吊礼、禬礼、恤礼。《周礼·春官·大宗伯》曰:"以凶礼哀邦国之忧"。
3 宾礼:接待宾客的礼节。《周礼·春官·大宗伯》曰:"以宾礼亲邦国"。
4 嘉礼:包括饮食之礼、昏冠之礼、宾射之礼、飨燕之礼、贺庆之礼等。《周礼·春官·大宗伯》曰:"以嘉礼亲万民"。

机，统摄军事活动之整体——不发动不义之战；若不得已发动或参与战争，需谨慎且抱有哀恸之心；以止息战争、促成和平、兴国保民为战争的根本目的。

从形而下的层面来说，军礼以宗法及礼乐制度为依据，以天子为最高行使者，进而表现为各项具体的礼仪规定。《周礼·春官·大宗伯》提到了军礼的五大类别：

> 大师之礼用众也，大均之礼恤众也，大田之礼简众也，大役之礼任众也，大封之礼合众也。

根据当代礼经学家沈文倬先生的解释，"大师之礼是诸侯或天子的征伐行动，究竟要举行多少典礼，经传亡佚，已无法稽考"，但早期文献记载的天子"宗庙谋议、命将出师、载（木）主远征、凯旋献俘"等行动，都有军事典礼的痕迹。"大田之礼是定期狩猎，而军事演习往往寄托于狩猎活动。"[1] 大均、大役、大封之礼则是凭借军事力量进行的国家事务，大致说来，大均之礼是指王在畿内、诸侯在各自的封国内校比户口、厘定各项赋税之时，依仗军威推行，从而减少阻力；大役之礼是指国家在施行筑城邑、建宫殿、开河、造堤等大规模土木工程之时，依据军法分配劳役；大封之礼是指

---

1 见《菿闇文存——宗周礼乐文明与中国文化考论》，北京：商务印书馆，2006年，第904页。

勘定国家以及私家封地的疆界之时，需要依靠军事力量的支持和保障。

总之，根据上述内容，我们不难想见殷周之时军礼的广泛与复杂。军事活动以及某些非军事活动中，都有军礼的施设及参与。具体到军事活动中，军礼则大致包含战前的告庙[1]与祭祀、测算占卜、迁主[2]，战时的种种作战礼仪与程式，以及战后的凯旋振旅[3]、献俘、安主等。下文结合甲骨卜辞和早期文献介绍部分内容。

---

1 告庙：祭告祖庙。古时天子遇即位、出征、出猎等重要事件时，必祭告祖庙。
2 迁主：将先代君主王位从祖庙中迁出。《左传·成公十二年》杨伯峻注："古代行军，必将先代君王主位载于车上同行"。
3 振旅：整顿军队。《左传·隐公五年》："三年而治兵，入而振旅，归而饮至，以数军实。"

二

甲骨卜辞中的殷商军礼

目前所见的殷墟甲骨卜辞中,包含大量与军事征伐相关的内容。透过这些内容,殷商之际的军礼大致可见,其中包括告庙谋伐、选将册命、振旅、献捷献俘等诸多活动,贯穿于战争始终。

祖先崇拜及鬼神信仰构成了殷人精神世界的基石。每逢大事,殷人必飨神祭祖以寻求护佑。因此,战前向鬼神与先祖祭祀祷告并占问战争相关事项(例如战争之吉凶、帝王是否应当亲征、主将的任用等)乃是殷商军礼中非常重要的仪式。一定程度上来说,战前的祭祀与占问决定了是否发动或参与战争、战争应当如何部署等关键问题。《礼记·王制》谓"天子将出征,类乎上帝,宜乎社,造乎祢",《周礼·春官·大祝》谓"大师宜于社,造于祖。设军社,类上帝"。"类上帝"为祭天,"宜社"为祭地,"造祢""造祖"为告庙,都是兴师征伐前的必要仪式。殷墟甲骨卜辞中,相应的内容非常丰富。例如:

甲辰卜，争贞：我伐马方，帝受我佑？（《甲骨文合集》[1]，6664）

贞：今春伐舌方受有佑？（《合集》，6276）

这两则内容是在占问如果出兵征伐马方、舌方，上天是否将护佑。再如：

［贞］：呼伐舌？

勿呼伐舌？（《合集》，6256）

甲子卜，□贞：出兵若？（《合集》，7204）

甲□□，□贞：勿出兵？（《合集》，7205）

也是极为常见的战前占问，询问是否应当出兵。其中，第一则卜辞询问是否可以讨伐舌方。第二、三两则卜辞则是在询问是否出兵，第二则卜辞中"若"字的意思是"顺利"——《尔雅》释曰"若，顺也"，"出兵若"就是在占问出兵能否顺利。

甲骨卜辞中的战前仪式还包括告庙之礼，亦即祭祀并告知先祖敌方的情况，以求得先祖护佑。例如：

---

[1] 郭沫若主编，胡厚宣总编辑：《甲骨文合集》，北京：中华书局，1978—1982年。为行文方便，下文引用时简称"《合集》"。

> 壬午卜，亘贞：告舌方于上甲？
> ……
> [告]舌方于示壬？(《合集》，6131)
> 告舌方于黄尹？
> 贞：于大甲告舌方出？(《合集》，6142)

卜辞中的上甲、示壬、黄尹、大甲是殷商的先祖或旧臣，这些卜辞的内容即为殷人向先祖祭告战敌舌方的情况。

此外，战前祭祀与占卜仪式还包括占问君王是否需要亲征、命将与册命等。"命将"指的是将领的选择与任用。军事活动中，将领的重要性不言而喻。《孙子兵法·谋攻》篇谓"夫将者，国之辅也，辅周则国必强，辅隙则国必弱"，也就是说，国家的强弱一定程度上取决于将领的辅佐，因而，命将也就极为重要。"册命"则是指选将之后的册封仪式。这些内容在甲骨卜辞中均有记录，限于篇幅，不再一一列举。除上述内容外，出征前通常还会"衅鼓"，亦即将牲畜或俘虏的血涂在鼓面上，以祭祀神灵。

战前的诸种祭祀、占卜和仪式之后，则有迁庙主和立军社之礼，进而起师征伐。所谓"迁庙主"，指的是将先代君王的祖位从宗庙中迁出随军征战，以便在征伐过程中祭祀与占问。《礼记·曾子问》记载：

曾子问曰:"古者师行,必以迁庙主行乎?"

孔子答曰:"天子巡守,以迁庙主行,载于齐车,言必有尊也。……君去其国,大宰取群庙之主以从,礼也。"

这是说,在古礼中,天子巡守要将先王祖位载于齐车[1]随行。君王若要离开国家,大宰取诸宗庙之主随行。所谓"立军社","社"指土地之主,除庙主外,殷商之时的军师征伐中亦有社主随行。魏晋时期的经学家杜预注《左传》时曾提到:"古礼,天子亲征,必奉庙主、社主从军而行。有功,则赏于庙主前。不用命,则戮于社主前,示不专也。"也就是说,天子亲征必定供奉庙主与社主随行,庙主和社主不仅供祭祀与占问,同时还作为军中赏罚的依据。殷商甲骨卜辞中同样有关于这类内容的记载,以下面这则为例:

贞:燎于王亥,告其比望乘?(《合集》,7537)

王亥是殷人先公,"燎"是上古祭祀仪式,即将玉帛、牺牲等放置在柴堆之上焚烧祭祀,望乘是商王武丁时期的将

---

1 齐车:斋戒时所用之车。

领。这则卜辞记载的是殷人燎祭先公王亥，并祭告他将随望乘出征。类似的内容在殷商甲骨卜辞中有不少。

除了战前与征伐中的军礼外，战后还有振旅、献俘等仪式，这些仪式也都记录于甲骨卜辞中。总之，甲骨卜辞中记录了大量与军事活动相关的内容，其中蕴涵着丰富而完备的军事礼制。这些记录不仅表明了商人对武力的审慎态度，也彰显了商人的信仰形态、精神世界，以及殷商之际的礼制与政治样态。

三

《司马法》中的周代军礼

《司马法》是成书于战国时期的重要军事著作，其中部分内容记载了西周的军制与军礼。大致说来，周人在一定程度上因袭了商制，但是，较之于商人精神世界中弥散的宗教色彩，周代重礼乐，周人的精神底色也更具人本倾向和人文情怀，这也表现在周人对战争的理解与军礼的设置中。换言之，周人一方面继承了殷商时期的部分军制与军礼，另一方面也将之由鬼神信仰的世界引领到了人文的国度。

关于战争的发动，《司马法·仁本》提到：

> 会之以发禁者九：凭弱犯寡则眚之[1]；贼贤害民则伐之；暴内陵外则坛之；野荒民散则削之；负固不服则侵之；贼杀其亲则正之；放弑其君则残之；犯令陵政则杜之；外内乱、禽兽行则灭之。

---

1 眚：音shěng。

"眚""伐""坛""削""侵""正""残""杜""灭" 九者都是对发动战争的不同表述。根据引文，发动战争的原因不外乎九种。也就是说，在周人看来，发动战争不是为了略地夺城，而是为了讨伐不义、保民卫国。《周礼·夏官》中有近乎相同的内容，并将这九项发动战争的准则称为"九伐之法"，谓其之所以"正邦国"，是因为只有符合"九伐之法"的战争才是正义的战争。关于这一点，《司马法·仁本》提到："贤王制礼乐法度，乃作五刑，兴甲兵，以讨不义"。

另外，因为农业生产是古代中国的主要经济民生活动，《司马法·仁本》还提到征伐应依民时而行，并因循季节时令，以畏天爱民，所谓：

> 战道：不违时，不历民病，所以爱吾民也；不加丧，不因凶，所以爱夫其民也；冬夏不兴师，所以兼爱民也。

也就是说，战争不能违背农时，也不能在疾病流行时发动，这是出于对本国民众的爱护；不能在敌国发丧时或饥年荒岁时发动，这是出于对敌国民众的爱护；大寒大暑之际不举兵，这是出于对双方民众的爱护。在《司马法》看来，战争的目的不在于杀戮，而在于救民保民。无论是对本国民众还是敌国的民众，都应抱持对待生命本身应有的尊重与爱护。也正是因此，《司马法·仁本》在开篇处说："攻其国，爱其民，攻之可也"。

关于征伐过程中的礼仪，《司马法·仁本》提到：

> 古者：逐奔不过百步，纵绥不过三舍，是以明其礼也；不穷不能而哀怜伤病，是以明其仁也；成列而鼓，是以明其信也；争义不争利，是以明其义也；又能舍服，是以明其勇也；知终知始，是以明其智也。六德以时合教，以为民纪之道也。自古之政也。

也就是说，西周的军事征伐以礼、仁、信、义、勇、智这"六德"为圭臬，各项礼仪与各类行动均应合于"六德"。例如，追赶逃跑者不过百步，追赶溃军不过九十里，这是"礼"的表征；待到敌方军队成列方可正式擂鼓进攻，这是"信"的表征；敌方服罪便予以宽恕，这是"勇"的表征，如此等等。类似的观点与表述在春秋战国时的文献中也时有记录，例如，《谷梁传》谓"伐不逾时，战不逐奔，诛不填服"，《墨子》谓"君子胜不逐奔"，《左传》称"服而舍之，度德而处之，量力而行之，……可谓知礼矣"等。可见，西周"德主兵辅"的军事理念在春秋战国时仍在一定程度上得到了延续。根据《左传》等文献的记载，以德为主的军事理念与礼仪在实际战争中也仍有影响,其中最广为流传的事例之一莫过于宋襄公"不鼓不成列"。

据《左传·僖公二十二年》记载,鲁僖公二十二年(公元前638年),宋襄公与楚人战于泓水(今河南柘城西北)。宋人少而楚军众,宋人已排好阵势且楚军尚未完全渡河之时,司马子鱼建议宋襄公把握时机、下令出击,宋襄公没有应允。楚军渡过了泓水而尚未成列之际,子鱼又建议宋襄公进攻,宋襄公再次拒绝。待到楚军成阵,宋襄公方才下令出击,宋军因寡不敌众而惨败,宋襄公本人受重伤,其左右侍卫被杀。宋人都责备宋襄公未能把握战机而致使宋军溃败,宋襄公应之曰:

> 君子不重伤,不禽二毛。古之为军也,不以阻隘也。寡人虽亡国之余,不鼓不成列。

宋襄公所践行的依然是春秋以前的古军礼——不再次伤害已经受伤的敌人,不俘虏头发花白的老者,不因己方首先占据险要之地而拦击敌方,不下令出击尚未成列的敌人。如历史学家钱穆先生所言,"当时的国际间,虽则不断以兵戎相见,而大体上一般趋势,则均重和平,守信义。"[1]

---

[1] 见《国史大纲》(上册),北京:商务印书馆,1996年,第71页。

然而，春秋之后，尤其是战国时期，战乱频仍，战争的残酷与惨烈程度远超西周，战争的根本原则与方式随之改变，讲求杀伐、诡谲多变的各类兵法谋略盛行，周代所流传的军礼也渐趋式微。

四

《周易》《诗经》中的古军礼

除《司马法》这类兵书外,《周易》《诗经》等早期经典文献中也有不少关于古代军事活动与军事礼仪的记载。

《周易》本为卜筮之书,是周人占筮记录的系统化,分为《易经》和《易传》两个部分。《易经》的主要内容为乾、坤等六十四卦的卦象、卦辞和爻辞[1],《易传》则包括《彖》(上下)、《象》(上下)、《系辞》(上下)、《文言》、《说卦》、《序卦》、《杂卦》等十篇,是从不同角度对六十四卦及其卦、爻辞的解释。《周易》的起源极早,关于《周易》的作者,《汉书·艺文志》中有"人更三圣"的说法,亦即伏羲画八卦,周文王演之为六十四卦并作卦、爻辞,孔子作《易传》。后世学者对此提出了诸多质疑,并普遍倾向于认为,《易经》和《易传》都并非出自一人一时之手,而是多个作者积累创作的结果,《周易》的成书经历了一定的历史过程。但关于《易经》的成书年代,学界普遍

---

[1] 《周易》中的每一卦均由六爻组成。"爻"分为阴爻和阳爻,在卦象中分别用符号"--"和"—"表示。

坤 艮 坎 巽 震 离 兑 乾

（1）八卦

乾	坤	屯	蒙	需	讼	师	比
小畜	履	泰	否	同人	大有	谦	豫
随	蛊	临	观	噬嗑	贲	剥	复
无妄	大畜	颐	大过	坎	离	咸	恒
遁	大壮	晋	明夷	家人	睽	蹇	解
损	益	夬	姤	萃	升	困	井
革	鼎	震	艮	渐	归妹	丰	旅
巽	兑	涣	节	中孚	小过	既济	未济

（2）六十四卦

◆ 八卦和六十四卦

认为，应当不晚于西周早期，因为《易经》"卦、爻辞中所提到的历史人物和事件，其下限没有晚于西周初期者。"[1]《易传》的成书年代争议较大，较为确定的是，各篇的成书时间虽有所差异，但都是战国以来陆续形成的。[2]

《周易》的卦、爻辞记录了不少与战争相关的内容，其中也依稀可见商周古军礼痕迹。例如，《周易》第七卦为"师"（䷆）卦。曹魏玄学家何晏解"师"卦之卦名曰："师者，军旅之名"；宋代理学家朱熹也说："师，兵众也"。由此可见，"师"卦的内容与军事密切相关。"师"卦初爻（最下面一爻）的爻辞曰："师出以律，否臧凶"，"律"指仪则、律法，也包括军制与军礼，"否臧"指不善，亦即不遵守军纪。这则爻辞的意思是说，师旅出征必须遵守军纪军礼，否则将会有凶祸。

再如，《周易》第十三卦为"同人"（䷌）卦。"同人"卦的卦辞曰："同人于野，亨。利涉大川，利君子贞"，"同"指聚合，"同人于野"亦即聚众于野。当代学者高亨指出，"同人于野"似指练习武事，而"同人"卦的经文似乎都与战争

---

[1] 具体介绍可参看朱伯崑：《易学哲学史》（一），北京：昆仑出版社，2009年，第10—14页。

[2] 朱伯崑：《易学哲学史》（一），北京：昆仑出版社，2009年，第46—48页。

相关[1]，因为古时的田猎、战争等活动通常都会聚众于野。我们知道，田猎在古时并非单纯的娱乐活动，往往承担着军事演习的作用。"同人"卦六二爻[2]（自下往上第二爻）的爻辞曰："同人于宗，吝"，"宗"为宗庙，"吝"指难，高亨注释此句曰："统治者聚众于宗庙，盖以面临艰难（似与战争有关）有所祈祷"[3]。前文提到，古时的战前仪式中包括告庙伐谋、占卜祈祷等，《左传》中也曾记载"八年春，治兵于庙，礼也"（《左传·庄公八年》）。因此，"同人"卦六二爻的爻辞是符合周代历史事实的。除了"师"卦与"同人"卦，"兑"卦、"比"卦、"豫"卦等的卦爻辞中也包含与战争相关的内容，此处不再详述。

《诗经》收录了西周初年至春秋中期的三百余篇诗歌，这些诗歌题材广泛，其中也包含不少与周代军制军礼相关的内容。例如，《诗经·大雅·常武》开篇谓：

---

1 见《周易大传今注》，济南：齐鲁书社，1998年，第125页。
2 在六十四卦中，阳爻称"九"，阴爻称"六"。"同人"卦的第二爻为阴爻，因此称"六二"。
3 见《周易大传今注》，济南：齐鲁书社，1998年，第127页。

> 赫赫明明[1]，王命卿士，
> 南仲大祖[2]，大师皇父[3]：
> "整我六师[4]，以修我戎[5]。
> 既敬既戒，惠此南国。[6]"

这是说，周宣王命令卿士征伐徐国平定叛乱，在太庙之中命大臣南仲为将，并谓太师皇父曰："整顿六军以振士气，修整武器，告诫士卒谨慎戒惧，平定徐国以施惠于南方诸国。"这几句诗文生动地记录了周时战前的命将之礼。

再如，《诗经·小雅·采芑》[7]谓：

---

1 形容周宣王"显耀盛大""明智昭察"。详参程俊英：《诗经译注》，上海：上海古籍出版社，2004年，第503页。
2 南仲：人名，周宣王时的大将。大祖：太祖庙。
3 大师：即"太师"，西周执政大臣之一，总管军事。皇父：人名，周宣王时的大臣。
4 六师：即"六军"，《周礼·夏官·序官》："凡制军。万有二千五百人为军，王六军，大国三军，次国二军，小国一军。"
5 戎：兵器。
6 惠：施恩。南国：南方诸国。
7 芑：音qǐ，一种蔬菜，似苦菜。

方叔率止[1]，钲人伐鼓[2]，陈师鞠旅[3]。
显允方叔[4]，伐鼓渊渊[5]，振旅阗阗[6]。

《采芑》描写的是周宣王时，大臣方叔率军讨伐荆楚凯旋的场面。引文中的几句则是对方叔班师振旅的刻画。"振旅"为周代军礼之一，为班师时的整顿、检阅军队之礼，以激昂士气、庆祝胜利。

除上述两篇诗文外，《诗经》中尚有诸多内容描绘周代军礼。正如朱熹在《诗集传》中引东莱吕氏所言，透过《周易》《诗经》等文献对古军礼的记载，"可以见军实之盛焉，可以见师律之严焉，可以见上下之情焉，可以见综理之周焉！"

总之，战国纷争之前的古军礼是古代礼乐文明的一个组成部分，它体现了商周之际人们对军事、政治的理解。

---

1 止：语气词。

2 钲：铎一类的铃，有柄。练习作战时，摇钲表示停止。"伐"指敲击。详参程俊英：《诗经译注》，上海：上海古籍出版社，2004年，第282—283页。

3 古时二千五百人为一师，五百人为一旅。此处"师""旅"泛指兵士。鞠：告，指誓师。

4 显：明。允：信。"显允"指"号令明而赏罚信"。

5 渊渊：鼓声。

6 阗：音tián。阗阗：指鼓声。

古军礼不仅仅是军事活动的外在表现形式,更寄托了内在的道德关怀与人文情怀。古军礼的各种程式背后,蕴含着人们尊重生命、不盲目信仰武力、崇尚和平的价值取向。

文化关键词

爱民

仁爱民众；爱护百姓。它不仅是治国者应该具有的对百姓的一种情怀，而且是治国理政必须遵循的重要原则。古人认为，治国者应该通过具体的政策、措施，使民众获利，安居乐业，免受痛苦和无端侵害。这也是治国者获得民众尊崇的前提或基础。"爱民"不仅是重要的政治理念，而且延伸到军事领域，成为兴兵作战的重要原则。依照这个原则，敌我双方的民众都应该受到爱护。它是中华"民本""仁义"思想的展现。

上善若水

最完美的善就像水的品性一样，滋润万物却不与万物相争。出自《老子》，老子以水的这种柔弱之性比喻至善的执政者应有的品德。执政者面对百姓，应如水之于万物，辅助、成就百姓的自然而不与百姓相争。后多指为人处世时能像水一样滋润万物，尽己所能帮助他人，从不争名逐利，或者具有坚忍负重、谦卑居下的品格。

元亨利贞

《周易·乾卦》的卦辞。主要有两种理解：其一，从占筮的角度来看，"元亨，利贞"是依据所得之卦来预测吉凶的断语。"元亨"意为大通，或举行大享的祭礼。"利贞"指利于占问，即筮得此卦为吉。其二，从义理的角度来看，"元亨利贞"被认为是乾卦的四种品德。有人将四者对应为仁、礼、义、正，又有人将其作为万物从始生到成熟的四个阶段，或指天道、圣人生养万物的四种德行。

篇七 金戈铁马

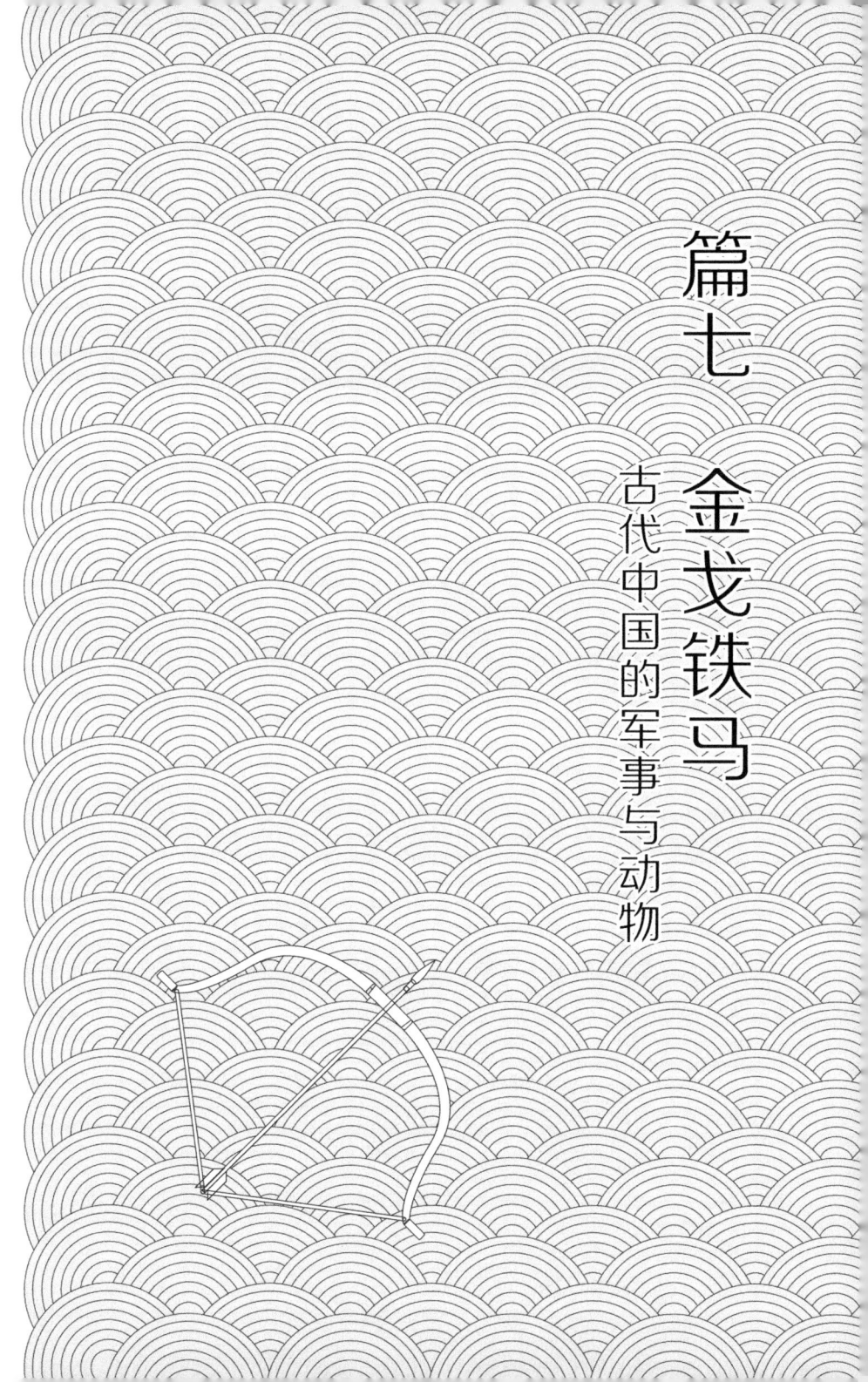

古代中国的军事与动物

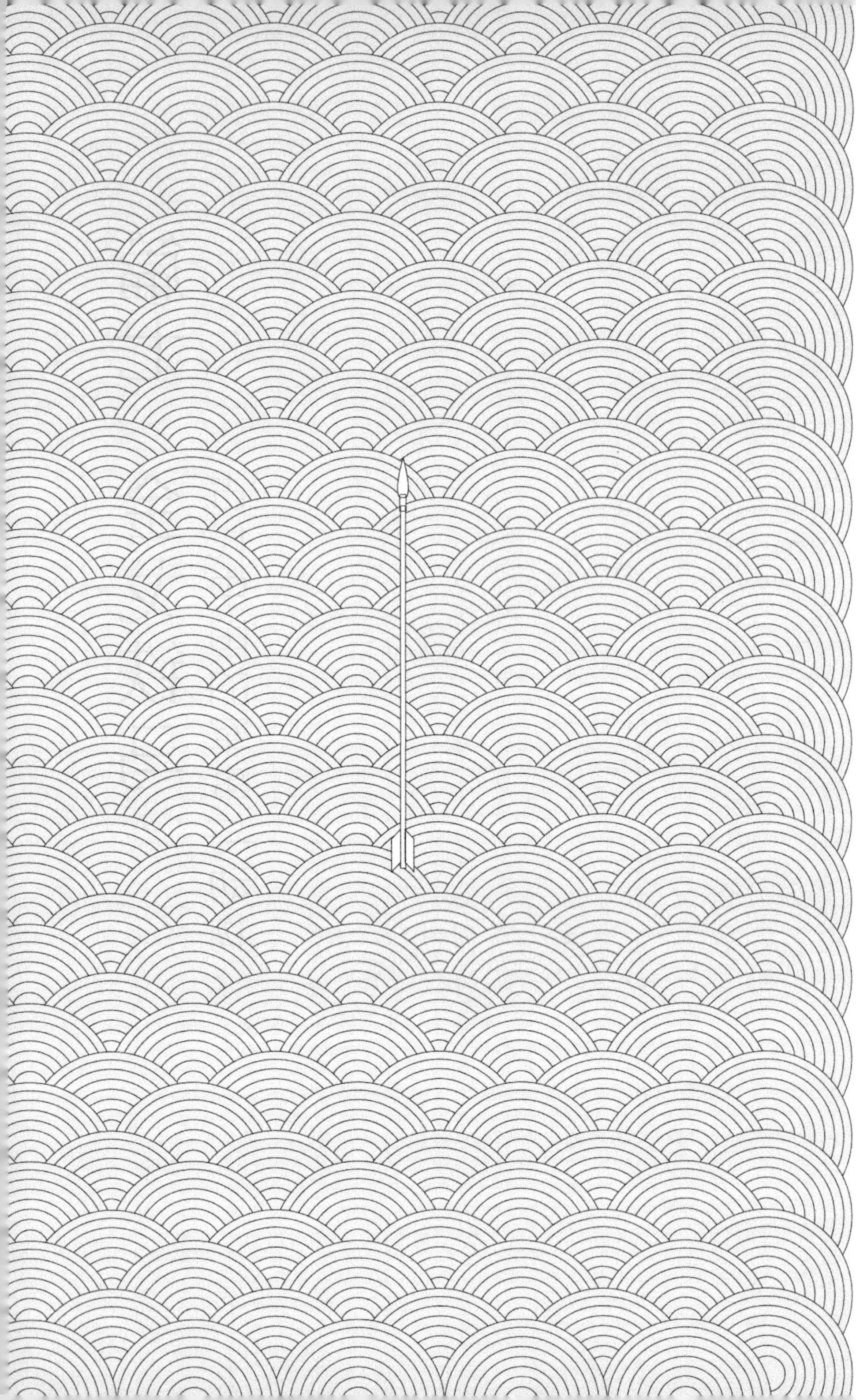

自古及今的军事活动中，动物"参军"都颇为常见，动物被用于交通运输、军事通信、检测武器装置、充当武器等。在古代中国，动物常参与军事活动，中国的传统武术与养生也从动物那里汲取了许多灵感与知识。

古代中国驯化和豢养动物的历史极早，马、牛、羊、犬、豕、鸡等家禽家畜的名称在殷墟甲骨文中多有出现。上古神话中已有动物参与战争的叙述。另外，根据《左传》《史记》等文献记载，至迟在春秋时期，已有动物参与战争的史实存在。

一

黄帝教熊罴[1]貔貅䝙虎

《史记》的第一篇为《五帝本纪》，记载了黄帝、颛顼、帝喾、帝尧、帝舜等五位上古帝王的生平与事迹。由于上古之时——尤其是帝尧以前——的历史情形缺乏明确的文献记载与考古资料，所以司马迁关于"五帝"的记叙，主要是在少量文献的基础上融合了民间传说与上古神话。司马迁在《五帝本纪》的末尾提到：

> 太史公曰：学者多称五帝，尚矣。然《尚书》独载尧以来；而百家言黄帝，其文不雅驯，荐绅先生难言之。

也就是说，学者谈论"五帝"已有很长一段时间的历史。然而，《尚书》首篇为《尧典》，其次有《舜典》《禹贡》等，记载的是帝尧以后的历史，没有提到之前的帝王。因此，诸子百家谈黄帝，说法不一，当时的学者很难真正谈论相关问题。

---

[1] 罴：音 pí，熊的一种。貔貅：音 pí xiū，古书上说的一种猛兽。䝙：音 chū，古书上指一种似狸而大的猛兽。

司马迁对黄帝的记载，主要依据《宰予问五帝德》《帝系姓》这两篇文献，现收录于《大戴礼记》。另外，他还曾"西至空桐（位于今甘肃），北过涿鹿（位于今北京附近，官厅水库西，现在仍称涿鹿），东渐于海（往东到了海边），南浮江淮（南边到了长江、淮河一带）"[1]，"至长老皆各往往称黄帝、尧、舜之处"，在人们时常提及黄帝、尧、舜的地方进行实地考察。

《五帝本纪》中记叙了黄帝部落和炎帝部落之间的一次战役——阪泉之战，这也是中国古史传说中很早的一次战役。按照司马迁的记载，在这次战役中，黄帝曾"教熊罴貔貅䝙虎"以战。司马迁提到：

> 轩辕之时，神农氏世衰。诸侯相侵伐，暴虐百姓，而神农氏弗能征。于是轩辕乃习用干戈，以征不享[2]，诸侯咸来宾从。

"轩辕"为黄帝之名，"神农氏"即炎帝。彼时，炎帝部落渐趋衰落，各部族间相互争斗、暴虐百姓。然而炎帝势力

---

1 详细论述参考李学勤：《〈史记·五帝本纪〉讲稿》，北京：生活·读书·新知三联书店，2012年，第16—17页。
2 享：祭祀。《说文》曰："享，献也"，《诗·小雅·信南山》有"享于祖考"句。

衰微，已无法平定乱局。黄帝于是举兵，征伐不进献的诸侯，这些诸侯皆归从于他。而后：

> 炎帝欲侵陵诸侯，诸侯咸归轩辕。轩辕乃修德振兵……抚万民，度四方，教熊罴貔貅䝙虎，以与炎帝战于阪泉之野。三战，然后得其志。

炎帝又欲讨伐诸侯，诸侯进而全部归顺于黄帝。黄帝修养德行而整顿军队，抚慰万民而平顺四方，并"教熊罴貔貅䝙虎"，与炎帝展开了阪泉之战，历经三战正式取代了炎帝的地位。阪泉之战中的"熊罴貔貅䝙虎"，有学者认为是指某些氏族的图腾，也有学者认为是指某些阵法的名称，另有学者及后世传说直接按字面意思解读，认为是指黄帝训练猛兽以攻炎帝。而无论是哪一种解释，都直接或间接地表明了动物与武力、战争的关联起源甚早。

二

火象战与火牛战

在古代中国，动物实际参与战争至少可追溯至春秋战国时期，《左传》《史记》等历史文献中都记载有相关事例。例如，《左传》曾提到楚昭王利用火象攻击吴军，《史记》则记载了田单以火牛阵破燕兵。

殷商之时，象曾活动于中原地区，殷墟出土的文物中有象骨卜骨、镂象牙礼器，湖南醴陵也曾出土殷商时期的象形青铜酒器。春秋战国时期，象尚未绝迹于长江流域。据《战国策·楚策三》记载，楚王曾经说："黄金、珠玑、犀、象出于楚，寡人无求于晋国。"可见战国之时，楚国仍有象活动。

据《左传·定公四年》记载，鲁定公四年（公元前506年）十一月，吴、蔡、唐三国联合伐楚，联军直攻楚国都城郢，楚昭王逃往随国。奔逃途中，楚昭王需要横渡睢水，而吴军紧追不舍。为摆脱吴军从而顺利渡河，楚昭王想出一个计谋——利用大象作军团恐吓和攻击吴军。楚昭王命士兵在象尾捆绑火燧并点燃，然后驱赶象群向沿着睢水追击的吴军进攻。然而，这一计划并未如愿，吴军迅速撤离了岸边，

◆ 商代青铜象尊

火烧尾巴的大象纷纷扎入睢水灭火,点燃了楚昭王准备用来渡河的船只。

另外,古代印度与欧洲驯化和使用战象的历史也可追溯至极早。据传,早在公元前600年左右,古印度便已开始训练象兵。在欧洲,公元前331年,波斯帝国在与亚历山大大帝的会战中也曾使用战象。此后,直至火器发明与使用前,欧洲战场上时常见到战象冲锋陷阵的身影。

《史记·田单列传》中记载了一个类似的事例,即战国时的齐将田单曾利用火牛大破燕军。《史记》提到,齐湣王之时,燕昭王令将领乐毅率兵攻齐。乐毅长驱直入,连下齐国七十余城,只剩莒城和即墨二地未被攻陷。即墨的官长出城与燕军作战,战败而亡,于是城中共同推举田单为将。不久后,燕昭王死而燕惠王立。惠王与乐毅之间结生嫌隙,田单得知后设计反间二人,惠王果然中计,以骑劫代乐毅为将。田单又设法激发齐军斗志,并派人向燕军诈降,骑劫大喜,燕军防备也由此松懈。

而后,田单在即墨城中收集了一千多头牛,在牛身上披盖深红色绸衣并画以五彩龙纹,牛角捆束刀刃,牛尾捆绑浸有油脂的芦苇,并在城墙上凿出数十个洞。到了夜晚,田单下令点燃牛尾,火牛冲出城墙奔向燕军,其后跟随齐国壮士五千人。牛尾的火光明亮刺眼,燕军看到狂奔的火牛身上尽

◆ 殷墟妇好墓出土的马形玉佩

是龙纹,不禁惊惶万状,火牛所过之处非死即伤。最终,燕军四散而逃,主将骑劫被杀。齐军乘势追击,一路收复了先前为燕军所攻陷的七十余城。

除了火象战和火牛战,《墨子·备穴》还曾提到,在隧道攻战中可将狗置于隧道内,利用狗敏锐的嗅觉与听觉探查其中是否藏有敌人。当然,无论是利用象、牛或是狗,都称不上系统化、常规化的动物参战。动物被驯化并参与战争,最为重要与常见的当属战马。

三

战马与马车

马在古代中国的军事活动中曾发挥重要作用。战争中，马不仅用于驾车、军事运输，也充当战马。东汉将领马援论及马在军事活动中的作用时，将之视为"甲兵之本"，谓"夫行天莫如龙，行地莫如马。马者甲兵之本，国之大用。"[1]

家马的出现要晚于猪、牛、羊等家畜，但人类对马的驯化有极长的历史。目前的考古与生物研究普遍认为，野马的驯化始自公元前3500年前后的西亚至中亚草原族群，遗传学对家马皮色的研究也支持了这一结论。[2] 具体到古代中国来说，今东北、华北、西北等地的旧石器时代遗址中都曾有马骨化石出土。位于黄河中下游的新石器时代的仰韶、龙山文化遗址中也有马骨。但这些马骨是否为家马骨骸，学界仍有争论。

---

1 范晔：《后汉书》，北京：中华书局，1965年，第184页。
2 详参[日]菊地大树著，刘羽阳译：《中国古代家马再考》，《南方文物》，2019年第1期，第136—150页；郭静云：《古代亚洲的驯马、乘马与游战族群》，《中国社会科学》，2012年第6期，第184—204页。

目前可以确定的是，中国在殷商晚期已有家马。位于现河南安阳的殷墟遗址出土了大量车马坑，其中有一些是马与马车、青铜器共出。有学者认为，大量商代马车的出土表明，马在当时主要用于驾车运输与作战，并且，就马的用途来说，驾马车要早于骑乘马匹。著名古文字学者王力就曾提到："战国以前，车马是相连的。一般地说，没有无马的车（当然，马车之外还有牛车等），也没有无车的马。因此，古人所谓御车也就是御马，所谓乘马也就是乘车。"[1]

　　除了考古资料，早期历史文献中也有很多内容提到马和马车。关于马车的起源，不少文献中都有"黄帝造车"的说法，认为马车的起源可追溯至黄帝之时。《周易·系辞下》说："神农氏没，黄帝、尧、舜氏作，通其变，使民不倦，神而化之，使民宜之。……服牛乘马，引重致远，以利天下"，其中的"服牛乘马"即役使牛马驾车。除"黄帝造车"外，古代文献中还有"奚仲作车"（《左传》《世本·作篇》）、"禹作舟车"（《孙膑兵法》）的说法，认为马车始自夏朝，为工匠奚仲或帝王夏禹所发明。当然，这些说法在很大程度上只可看作是历史传说，而非史实。

1《古代汉语》，北京：中华书局，1999年，第996—999页。

◆ 殷墟车马坑遗址

关于战马在早期中国军事活动中的推广和普及，最广为流传的说法是"赵武灵王胡服骑射"。赵武灵王为战国时期赵国的第六代君主，为了强大军事、战胜邻国，他推行以"胡服骑射"代替传统车战。《资治通鉴》《战国策》等史书中皆有相关记载。据《资治通鉴》记载，赵武灵王在北攻中山国之时，与大臣肥义商议令百姓改穿短衣胡服，并教百姓骑马射箭。这项政令在推行伊始并不顺利，彼时的中原地区为礼仪之邦，四方少数民族则被视为"蛮夷"，百姓与大臣认为自古只有蛮夷效法中原之说，而无反之之理，推行胡服骑射乃是"变古之道，逆人之心"。当然，赵武灵王最终说服了大臣与百姓。经此改革，赵国的军事实力日益强盛，成为战国中后期的强国。

除了"赵武灵王胡服骑射"之说外，也有学者认为骑乘战马在春秋之时，甚至早在先周之时，便已有之。《诗经·大雅·緜》篇中有"古公亶父，来朝走马"的描述，"古公亶父"是周文王的祖父。明末清初思想家顾炎武解释此句曰："古者马以驾车，不可言走，曰走者，单骑之称，古公之国邻于戎翟，其习尚有相同者。"[1]也就是说，顾炎武认为，"来朝走马"的"走"字说明古公亶父并非驾乘马车，

---

[1]《日知录集释》，黄汝成集释，上海：上海古籍出版社，2006年，第1617页。

而是骑马。古公之国与蛮夷之国相邻，或已受其影响而有骑乘。

总之，马车与战马的历史都可追溯至极早。殷商时期已有马车，至少是在战国之际，中原地区已开始骑乘战马。在其后的军事史中，马的参与更是极为普遍，起到了举足轻重的作用。

四

养生与武术中的动物元素

除了在战争中"参军上阵",动物还启发了中国的养生活动与传统武术。古人通过观察动物的姿态、活动等,创造了相应的养生之术与武术招式。

养生活动中,最为著名的莫过于东汉名医华佗所创的导引养生术"五禽戏"。《后汉书·华佗传》记载华佗创"五禽戏"曰:

> 吾有一术,名五禽之戏:一曰虎,二曰鹿,三曰熊,四曰猿,五曰鸟。亦以除疾,兼利蹄足,以当导引。体有不快,起作一禽之戏,怡而汗出,因以著粉,身体轻便而欲食。普施行之,年九十余,耳目聪明,齿牙完坚。

华佗观察并仿效虎、鹿、熊、猿、鸟(鹤)五种动物的姿态与动作,发明了适用于人的呼吸吐纳、屈伸俯仰之术——"五禽戏"。华佗自述"五禽戏"既可帮助祛病,也有利于锻炼腿脚,还可用以导气引体。若身体不适,练习"五禽戏"可使身体出汗、心情愉悦、轻便欲食。华佗之后,

◆ 北宋初期手抄本《秘本华佗五禽之戏》

其弟子吴晋以及南朝医学家陶弘景分别在《太上老君养生诀》与《养性延命录》中详述了"五禽戏"的练法。"五禽戏"一直流传至今，并发展出了不同的派别。

《庄子》《淮南子》《抱朴子》等较早的道家文本中也有模仿动物以习养生之术的内容。《庄子·刻意》篇记载彭祖等行导引养生术而长生之人曰：

> 吹呴呼吸，吐故纳新，熊经鸟申，为寿而已矣，此道引之士，养形之人，彭祖寿考者之所好也。[1]

彭祖为传说中的道家先驱之一，以长寿著称，相传他在七百余岁时仍耳目聪明、四肢坚固。所谓"熊经鸟申"，指的是模仿熊攀枝、鸟伸脚，由此呼吸吐纳、引导体内之气的运行。《淮南子·精神训》中有相似的内容，谓"若吹呴呼吸，吐故内新，熊经鸟伸，凫浴蝯躣，鸱视虎顾，是养形之人也"[2]。这里，除了"熊经鸟伸"外，《淮南子》还提到了"凫浴蝯躣""鸱视虎顾"，亦即如凫戏水、如猿跳跃、如鸱鸟举首、如虎反顾。晋人葛洪在《抱朴子》一书更是描述有对"九禽"的效仿——龙导、虎引、熊经、龟咽、燕飞、蛇屈、

---

1 呴：音xǔ，慢慢呼气。
2 蝯：音yuán，猿猴。躣：音jué，跳跃。凫：音fú，野鸭。鸱：音chī，古书上指鹞鹰。

◆ 马王堆帛书《导引图》复原图

鸟伸、猿据、兔惊。

此外，1973年出土于长沙马王堆的汉墓帛书中发现了养生图谱《导引图》，其中部分动作也取自动物的姿态或运动。据研究，《导引图》中可辨认的动物有龙、猿、熊、狼、螳螂、鸡、鹯[1]、鹤等八种。[2]由此可知仿效动物的导引养生术在秦汉之际应当是极为普遍与流行的。

传统武术中也有不少模仿动物行动而创造的招式。例如，在东汉史书《吴越春秋》的描述中，精通剑法的越女即是学剑于白猿。据《峨眉山志》记载，峨眉武术的创始人为春秋战国之时的司徒玄空，他仿效峨眉山中灵猴的动作发明了"峨眉通臂拳"，人称"白猿老祖"。传统武术中的"象形拳"也是通过模仿各类动物而创造的，有猴拳、鹤拳、蛇拳、虎拳、豹拳、螳螂拳等诸多种类。

在武侠作品中，动物也时常被描述为侠客的帮手或师父，例如，《倚天屠龙记》中张无忌即是从白猿腹中取得了武功秘籍《九阳真经》，《神雕侠侣》中的神雕屡次帮助杨过化解危难，《越女剑》中的白猿传授越女剑法等。一定程度上来说，这些故事演绎正是以动物与传统武术之间的关联为基础的。

---

[1] 鹯：音zhān，古书中说的一种猛禽。
[2] 高大伦：《张家山汉简〈引书〉研究》，成都：巴蜀书社，1995年，第37页。

文化关键词

五德终始

用五行生克、循环往复交替作用的原理比附并解释历史上王朝兴替和制度变迁的一种学说。由战国思想家邹衍提出。"五德"即金、木、水、火、土"五行"或五种"德性";"终始"即循环运转,周而复始。邹衍认为,人类历史的变化与天地万物一样,也受金、木、水、火、土五种物质元素的支配,每一王朝的出现都体现了五行中某一行的德性,历史上改朝换代、制度变迁的内在机理实际上就是五行相生相克、循环变化所作用的结果。这种源于阴阳五行思想的"德性"政治论和循环历史观,自诞生之日起在中国传统语境中就一直发挥着重要影响。

修德振兵

修养德行而整顿军队。"修德"指执政者修养自身的德行,并按照道德的原则施行政事,安顿百姓。"振兵"即整顿军队、提升军力。但"振兵"的目的不在于以强大的武力威胁他人、谋取利益,而是要在道德的规范下,保持足够的武力以维护社会的秩序与百姓的利益,在"修德"的基础上,合理运用武力。

篇八 尚气任侠

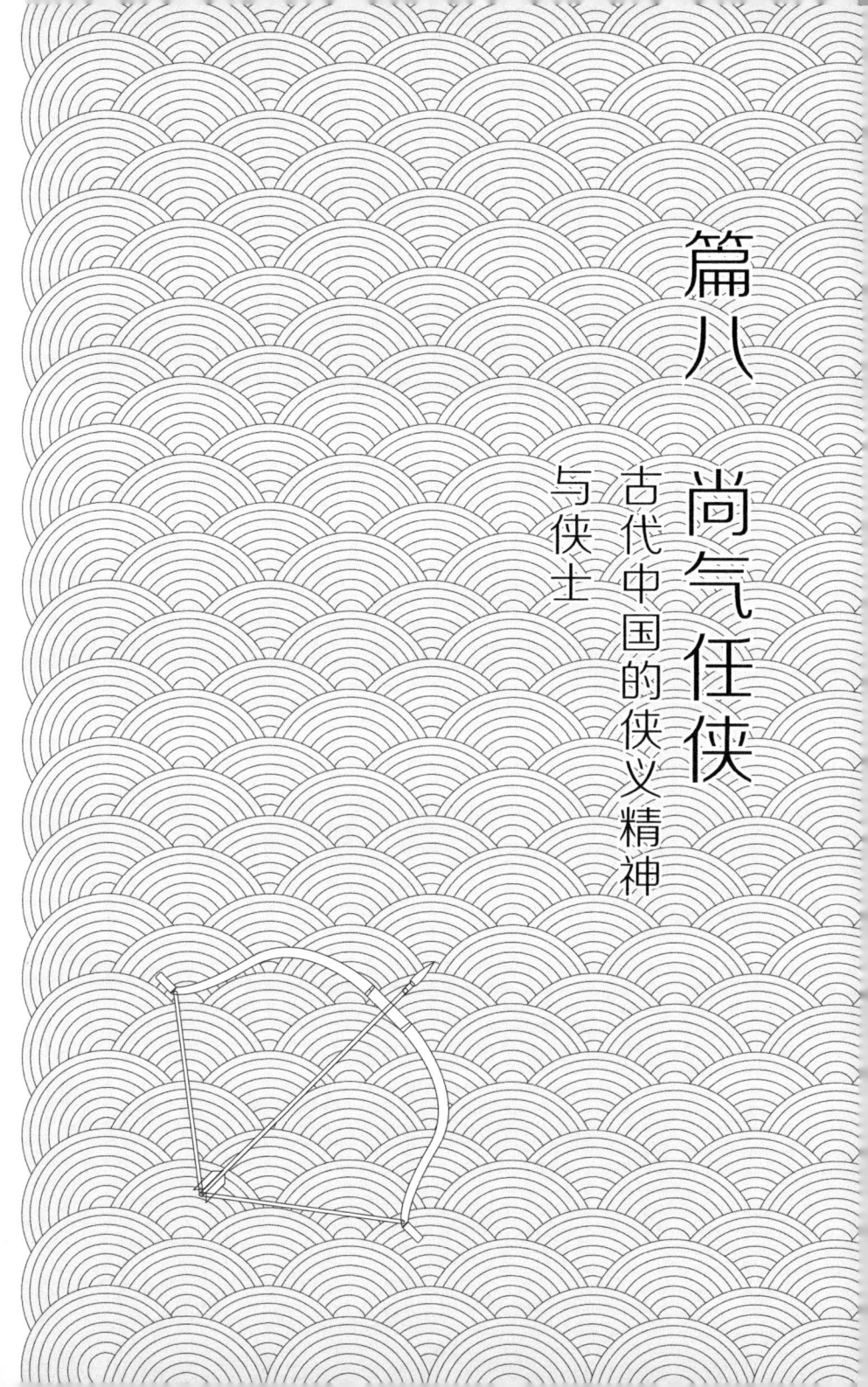

古代中国的侠义精神与侠士

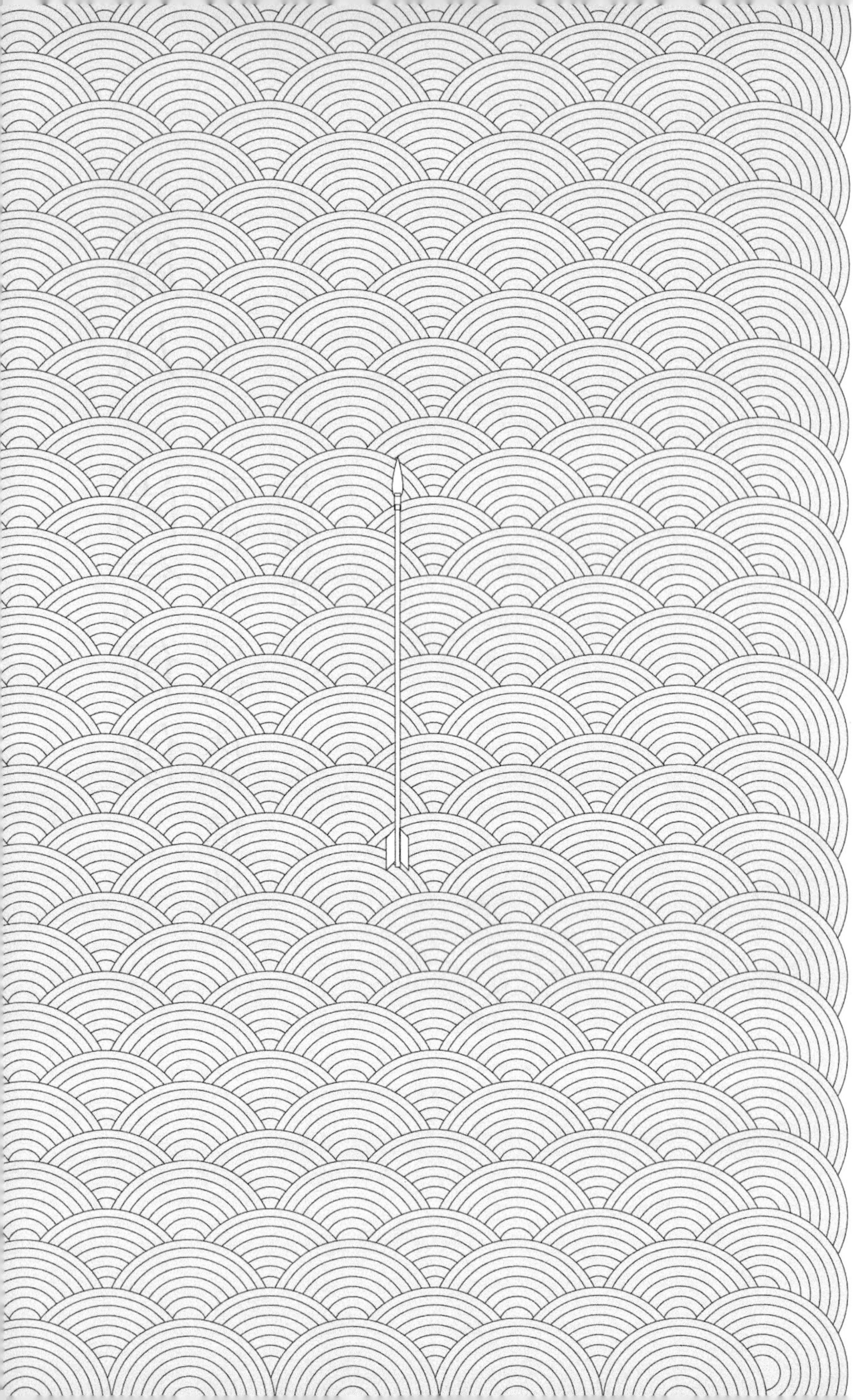

"侠"这一概念最早见于《韩非子·五蠹》："儒以文乱法，侠以武犯禁。"其后，《史记》和《汉书》中分别列有《游侠列传》《游侠传》，以记录古时"侠"之行状，"游侠""豪侠""节侠""气侠"等称谓是其中常见的说法。通过这些词汇，不难想象古代侠客豪气干云、慷慨仗义的精神品格，这样的精神品格在一定程度上构筑了后来中国士大夫义以为上的人格气质。"侠"也是中国古代诗词与文学中的重要素材，曹植的《白马篇》、李白的《侠客行》等皆是名篇。此外，在中国现当代文学中，武侠小说是一类重要体裁，刻画了众多惩恶扬善、抑强扶弱的侠客形象。

（一）战国时期的"侠"

"侠"这一社会群体的起源甚早。在《史记·游侠列传》中，司马迁慨叹周秦之际关于游侠的记载几乎不存，可考材料甚少。然而，《韩非子·五蠹》提到"儒以文乱法，侠以武犯禁"，说儒生用文学扰乱了法令，侠士以武力触犯了禁令。这至少说明在韩非子所处的战国晚期，"侠"已经是可与儒者并称、具备一定规模与影响力的社会群体。而关于游侠产生的时间，东汉史学家班固和荀悦都曾提到大约是在"周室既微"之后。周朝末期，"制度不立，纲纪废弛"（《汉纪》卷一〇），旧有的分封制度与道德准则逐渐失范，而纷乱的社会与思想环境为游侠的出现与活动提供了空间。

毋庸赘言，"侠"的首要特征是尚武，侠士以武力生存并见著于世。除了"侠"这一称谓外，《韩非子》书中还常以"私剑""带剑者"等指称"侠"。例如，《五蠹》篇提到"废敬上畏法之民，而养游侠私剑之属"，《八奸》篇谓"为人臣者聚带剑之客，养必死之士，以彰其威"，《问辩》篇谓"是以儒服、带剑者众，而耕战之士寡"。所谓"私剑"，即古时私人所养之刺客。这些内容表明，"侠"在战国时期可看作是一种职业，为诸侯卿相所养而报效武力。

除所养之侠客外，养侠之士本身也可称为"侠"，其中最为著名的莫过于有"战国四公子"之称的齐国孟尝君田文、赵国平原君赵胜、魏国信陵君魏无忌和楚国春申君黄歇。他们养士结客，门下人才济济，广聚"带剑之客"。《史记·游侠列传》与《汉书·游侠传》追溯游侠历史时，都曾首先提到他们。作为养侠者，他们也可被称为"侠"。在《史记》中，他们可归为"有士卿相"之侠。关于养侠者之称"侠"，现代历史学家钱穆都曾有过明确表述。他分别在《释侠》与《国史大纲》中提到："盛养此辈门客、食客、刺客者则侠也"[1]、"任侠之所舍匿，则曰'宾客'，然宾客与奴婢身份无殊。任侠既以意气肝胆匿亡命，则亡命者亦出肝胆意气感激相报"[2]。总之，这些材料表明，养侠者及其所养之侠客作为一个团体，皆可称为"侠"。

---

[1] 见《释侠》，《中国学术思想史论丛》（二），合肥：安徽教育出版社，2004年，第116—120页。转引自牟发松：《侠儒论：党锢名士的渊源与流变》，《文史哲》，2011年第4期，第64-85页。

[2] 见《国史大纲》（上册），北京：商务印书馆，2013年，第137页。

二

"侠"之渊源

先秦时期的文献对"侠"的记叙或论说较为匮乏，因此，关于"侠"这一群体的起源，学界历来众说纷纭。侠出于士、侠出于儒、侠出于墨，甚至侠出于道，都是学者们曾提到的观点：

（一）侠出于士

不少学者认为，"侠"脱胎于春秋时期的"士"阶层，由"士"分化而来。例如，明末清初思想家顾炎武在其著作《日知录》中提到，从春秋时期开始，游士日渐增多。到了战国之时，"士"这一群体已发展壮大，彼时的国君极为重视"士"，其中，"文者为儒，武者为侠"[1]；现代历史学家吕思勉考察战国之际的历史情况后指出，游侠本为古时的武士，战国之时，分封井田制趋于衰落，诸侯大夫由此亦"亡国败家"，或淫侈而不能体恤"士"，"士"遂流离失所，其中好文者成为游士，好武者成为游侠[2]。现代哲学家冯友兰

---

[1] 见《日知录集释》卷七，黄汝成集释，石家庄：花山文艺出版社，1990年，第336页。

[2] 见《秦汉史》，上海：上海古籍出版社，2005年，第461—462页。

亦持相似观点。此外，现代历史学家顾颉刚提出，古时之"士"皆为武士，文士由武士蜕化而来，战国之后，"文者谓之'儒'，武者谓之'侠'。"[1]

（二）侠出于儒

据《韩非子》记载，孔子之后，儒家分为八派，"漆雕氏之儒"为其中一派[2]。有学者认为，"侠"的精神气象与"漆雕氏之儒"接近，"侠"或出于"漆雕氏之儒"。目前所存史料中关于"漆雕氏之儒"的记载非常有限，仅散见于《韩非子》及《孔子家语》中。此外，《汉书·艺文志》著录有《漆雕子》十三篇，或为漆雕开及其门人所著，然而此书在东汉后既已亡佚。《韩非子·显学》曾提到："漆雕之议，不色挠，不目逃，行曲则违于臧获，行直则怒于诸侯，世主以为廉而礼之"，这是说，漆雕氏的思想特色在于，遇到危险时面不改色，眼神也不退让。自觉理亏时，即使是对奴婢也要避让；行为正义时，即使是对诸侯也敢发怒。《孔子家语》则记载说漆雕开安贫乐道、不愿为政出仕。由此，任侠尚廉被视

---

1 见《武士与文士之蜕化》，《史林杂识初编》，北京：中华书局，1963年，第85—89页。
2 《韩非子·显学》："自孔子之死也，有子张之儒，有子思之儒，有颜氏之儒，有孟氏之儒，有漆雕氏之儒，有仲良氏之儒，有孙氏之儒，有乐正氏之儒。"

为"漆雕氏之儒"的一大思想特色。章太炎、郭沫若等学者据此推断"侠"或是出于"漆雕氏之儒"[1]。

(三)侠出于墨

与先秦时期其他各家颇为不同的是,墨家学派的成员大多出身卑微,这造就了墨家对于贫富之人一视同仁、抑强扶弱的思想性格。我们知道,墨家学派的核心理论是兼爱平等、爱人如己,主张"视人之国若视其国,视人之家若视其家,视人之身若视其身",由此则"强不执弱、众不劫寡、富不侮贫""贵不敖贱、诈不欺愚。"(《墨子·兼爱中》)另外,《墨子·公输》中记载了墨家学派创始人墨翟善于守城的典故。基于墨家学派所充溢的侠义精神,闻一多、康有为、冯友兰等学者都曾阐发墨家与侠士的关联,或谓侠出于墨,或谓墨出于侠[2]。此外,鲁迅也曾提到"孔子之徒为儒,墨子之徒为侠"[3],并著有《非攻》《铸剑》两篇小说,描写墨子与名为"黑色人"的侠士匡扶正义、舍生忘死的侠者气概。

---

1 详参章太炎《訄书·儒侠》、郭沫若《十批判书》。
2 详参闻一多《关于儒·道·土匪》(载于《闻一多全集》卷三)、康有为《儒墨最盛行并称考》(载于《孔子改制考》)、冯友兰《中国哲学史》(上册)。
3 鲁迅:《流氓的变迁》,《鲁迅全集》卷四,北京:人民文学出版社,1957年,第123页。

（四）侠出于道

除儒、墨两家外，也有学者认为"侠"与道家的理想精神境界相近，侠士或是出于道家。《庄子》一书中刻画了不少悠游自适、纵情恣意的隐士形象，他们超乎物外，对世间权力与财富淡然置之，追求心灵与大道的统一。有学者认为，游侠"任情任性"的特点与道家正相吻合。[1]另外，先秦道家发展至汉代，主要呈现为"黄老道家"这一思想派别。大体说来，黄老道家在政治层面上主张虚静无为、君臣各司其职，同时也曾提出关于身心修炼的内容。据《史记》及《汉书》的记载，不少任侠之士同时也修习黄老术。例如，《史记》记载田叔"喜剑"而"学黄老术"（《史记·田叔列传》），《汉书》记载汲黯、郑当时等人既喜剑好任侠，同时也学黄老之言（《汉书·张冯汲郑传》）。侠与道家在精神境界上的默契由此也可见一斑。

---

[1] 劳榦：《论汉代的游侠》，载于《劳榦学术论文集甲编》，台北：艺文印书馆，1976年，第1021—1025页。

三

《史记·游侠列传》中的侠士形象

在《史记》中，司马迁专门著有《游侠列传》，书中首先概括游侠的品格道：

> 今游侠，其行虽不轨于正义，然其言必信，其行必果，已诺必诚，不爱其躯，赴士之阨困，既已存亡死生矣，而不矜其能，羞伐其德，盖亦有足多者焉。

在司马迁看来，游侠的行为虽不尽然合乎法令规章及道德准则，但他们言出必行、重信守诺，扶危济困而不惜出生入死。另外，他们不居功自夸，不炫耀自己的才能与德性。这些品格都是极为可贵的，而这也正是司马迁专门撰写《游侠列传》的原因。《太史公自序》中也提到，游侠"救人于厄，振人不赡，仁者有乎；不既信，不倍言，义者有取焉"，游侠的行事风格中浸润着仁义等道德品格，有值得记录与称颂之处。

《游侠列传》共记叙了朱家、田仲、剧孟、郭解等几位汉代侠士，其中着墨最多的是郭解。《游侠列传》对郭解的描画，一方面呈现了汉代游侠复杂而丰富的人格特征，另一方面也蕴含着司马迁对"侠"之品格与精神的理解。

据司马迁记载，郭解为西汉时期河内郡轵县（今河南济源轵城）人，其父即为任侠之人，汉孝文帝时遭到诛杀。郭解的形象与人们想象中的侠士大相径庭，其"为人短小精悍，不饮酒"。韩非批评侠士曰"侠以武犯禁"，郭解少时尤其如此。《史记》说他年少之时阴险残忍、杀人如麻，不惜牺牲生命为朋友复仇，但也藏匿亡命之徒抢劫作恶。他私铸钱币、掘坟盗墓，可谓罪行累累。及至年龄渐长，郭解方才有所收敛，德性似乎在一定程度上规训了他的人格与行为，"更折节为俭，以德报怨，厚施而薄望"，但总体仍旧性情暴躁、暴戾恣睢。

关于郭解的人格及品行，《史记》记载了这样一件事情——郭解姐姐的儿子仗势欺人，在与别人饮酒时不顾他人酒量强行灌酒，最终激怒了他人而遭杀身之祸，杀人者随即逃亡。郭解的姐姐不肯埋葬儿子，还将尸体弃置街边，试图以此刺激郭解追踪凶手，为子报仇。郭解果然派人暗查凶手下落，凶手走投无路，把事情的原委告诉了郭解。郭解听后裁断道："公杀之固当，吾儿不直"，旋即放走了凶手，并埋葬了外甥的尸体。人们都称赞他的行为，追随他的人也愈发增多。

除了记录郭解如何立身处世，这则记事也在一定程度上映射了汉代之际"侠"的特质以及司马迁对侠义精神的理解。勇猛与武力当然是侠之为侠的基本身份特征，否则侠与普通的文人游士无异。然而，侠士又绝非仅凭暴力恃强凌弱的"暴豪之徒"，《游侠列传》说："至如朋党宗强比周，设财役贫，豪暴侵凌孤弱，恣欲自快，游侠亦丑之。"在侠士的生命中，轻死重气的信念以及匡正扶弱、仗义疏财的道德品格始终是其精神世界的重要底色。德性与武力的融贯，方才真正构成了侠的生命世界。唐人李德裕在其散文《豪侠论》中也提到：

> 夫侠者，盖非常人也。虽以然诺许人，必以节义为本。义非侠不立，侠非义不成，难兼之矣。

正如李德裕所言，侠之为侠，始终在于其内在的精神品格。

《游侠列传》之外，《史记》中还有《季布栾布列传》，主要记载了汉初两位颇具侠义精神的名臣季布与栾布的生平事迹。值得一提的是，其中提到了侠士的另一个重要品格——重信守诺。文中引用楚国谚语谓"得黄金百（斤），不如得季布一诺"——成语"一诺千金"即出自此。李白的《侠客行》中有"三杯吐然诺，五岳倒为轻"的诗句，讲的也是侠士信守诺言的豪迈气象。

四

侠与剑

提到"侠",不得不论及的还有"剑"。"剑"是武的表征,也是"侠"的标志。侠客负剑远行、豪情四纵的形象,不仅出现在历史记述中,也为历代诗文、武侠小说所津津乐道。

剑的起源甚早,是中国最为古老的兵器之一。《管子·地数》中记载了蚩尤造剑的传说:

> 而葛卢之山发而出水,金从之,蚩尤受而制之,以为剑铠矛戟,是岁相兼者诸侯九。

这是说,葛卢山山洪暴发,水退后露出了金色矿石。蚩尤用它们制造出了剑、铠、矛、戟等兵器,当年便与九个诸侯国发生兼并战争。传说中的内容当然不一定为实,但由此可见剑的起源应当是非常早的。

根据考古发掘,青铜剑在西周早期已十分成熟,春秋战国时期已极为盛行。由于青铜铸造技术的限制,早期的剑主要为长度在五十厘米以下的短剑,战国后期始有长剑出现,武士佩剑之风也始于此时。另外,剑在当时不仅只是兵器,同时也是身份、地位、道德品格的象征。屈原在

◆ 少虡（jù）剑，春秋后期，长54厘米，宽5厘米，重880克，现藏于故宫博物院。

《楚辞·九章》中说："带长铗之陆离兮，冠切云之崔嵬，被明月兮佩宝璐。世混浊而莫余知兮，吾方高驰而不顾"，所谓"长铗"即指长长的宝剑，屈原用它来比喻自己不与世同流合污、高风亮节的德行。

再者，古代的宝剑各有其名称，《荀子·性恶》篇记载道："桓公之葱，大公之阙，文王之录，庄君之曶[1]，阖闾之干将、莫邪、巨阙、辟闾，此皆古之良剑也"。南朝陶弘景（公元456—536年）更著有《古今刀剑录》，著录了从夏启到梁武帝时期的帝王刀剑七十二事，其中还杂糅了道家思想元素及古代神话传说。后世的武侠小说常以这些古代宝剑为素材，例如，《三侠五义》《小五义》《续小五义》等书中便有战国宝剑巨阙、湛卢、鱼肠。并且，在这些小说中，宝剑的年代越久远，威力似乎就越大。《续小五义》中说："南侠展昭与白菊花晏飞斗剑，晏飞之所以不敌，就因为两剑'年号所差'：紫电剑乃晋时宝物，焉能与战国时造的巨阙相敌？"[2]

战国时代的文献中已有不少关于剑的记述。例如，《庄子》杂篇中有《说剑》一篇，记载了"赵文王喜剑"之事，提到赵文王门下曾有侠士剑客三千余人，日夜相击于王前。

---

1 曶：音hū。
2 转引自陈平原：《千古文人侠客梦》，北京：北京大学出版社，2018年，第91页。

东汉时期的史学著作《吴越春秋》中也有不少关于剑的内容，包括越女向越王陈述剑道。据考，这是古代文献中现存最早关于剑道的详细叙述。越女说，剑道微妙而简易，却又幽远而精深，剑道有门户亦有阴阳，击剑作战时需"内实精神，外示安仪，见之似好妇，夺之似惧虎，布形候气，与神俱往。"（《吴越春秋·勾践阴谋外传》）另外，成书于东汉时期的吴越地方史杂著《越绝书》中也记载有一些关于宝剑的传说，其中提到越王勾践请齐国人薛烛相剑。薛烛说："宝剑者，金锡和铜而不离"、纯钧剑[1]"手振拂扬，其华捽如芙蓉始出；观其釽，烂如列星之行；观其光，浑浑如水之溢于塘。"[2]（《越绝书·越绝外传记·宝剑第十三》）根据近年来的考古发掘，湖北江陵望山桥一号楚墓等出土的数把越王勾践剑，以及湖北江陵藤店一号楚墓等出土的越王州句（勾践曾孙）剑，其冶金技术与剑身花纹均可在一定程度上与《越绝书》的记载相呼应。[3]

在历代诗词与其他文学作品所刻画的侠客形象中，剑也常常是不可或缺的元素。侠客们佩剑远游、行侠四方，如陶渊明《拟古·其八》诗中"少时壮且厉，抚剑独行游"的

---

1 古宝剑名。

2 捽：音 zuó，抓住。釽：音 pī，剑身出现的文采。

3 吴兴文：《宝剑·玉剑·天下剑》，《紫禁城》，2010年第9期，第87—90页。

少年侠客，李白《侠客行》中"赵客[1]缦胡缨，吴钩[2]霜雪明"的豪侠形象。武侠小说则不仅塑造了剑气箫心、匡正扶弱的侠客形象，还描画了不少令人心驰神往的剑法招式，如《笑傲江湖》中令狐冲的"独孤九剑"、《天龙八部》中段誉以无形制有形的"六脉神剑"等。

总之，侠的生命似乎总是与剑相关联，剑是侠的表征，也是侠客豪情四纵的生命世界中不可或缺的一部分。

---

1 指燕赵之地的侠客。
2 武器名。一种弯形的刀，相传为吴王阖闾所做。后泛指锋利的宝刀。

五

咏侠诗与侠士文学

汉兴之初,养侠之风极盛,游侠群体非常活跃,由此激发了后来咏侠诗的兴盛,乃至其后唐宋传奇、明清笔记小说中侠士文学的创作。《后汉书·党锢列传》记载汉高祖刘邦之时的重武之气曰:

> 汉祖杖剑,武夫勃兴……绪余四豪之烈,人怀陵上之心,轻死重气,怨惠必仇,……任侠之方,成其俗矣。

刘邦尚武,任侠之气一时蔚然成风,武士豪侠极众。不仅闾巷之民多有游侠,王公贵族也颇崇武尚侠,汉代游侠诗在此种情形之下兴起,到了唐代更是盛极一时。

大体而论,汉唐游侠诗的创作以古乐府为主要形式,《结客少年场行》和《游侠篇》是最早的两个诗题,另外尚有《刘生》《从军行》《白马篇》等诗题,其后又有《少年子》《少年行》《长安少年行》《侠客篇》《侠客行》等诗题变体,汉唐之际的诗人运用这些诗题创作了大量精彩纷呈的游侠诗。初唐四杰"王杨卢骆"、孟浩然、王昌龄、王维、李白、杜甫、

206

韩愈、柳宗元、刘禹锡等诗人都颇钟情于游侠诗的创作，常借豪侠之气抒发胸臆。曹植的《白马篇》、王维的《少年行四首》、李白的《少年行二首》《侠客行》《白马篇》等，皆为其中广为流传的名篇。限于篇幅，兹著录三首如下：

白马篇
曹植

白马饰金羁，连翩西北驰。借问谁家子，幽并游侠儿。
少小去乡邑，扬声沙漠垂。宿昔秉良弓，楛矢何参差。
控弦破左的，右发摧月支。仰手接飞猱，俯身散马蹄。
狡捷过猴猿，勇剽若豹螭。边城多警急，虏骑数迁移。
羽檄从北来，厉马登高堤。长驱蹈匈奴，左顾凌鲜卑。
弃身锋刃端，性命安可怀？父母且不顾，何言子与妻！
名编壮士籍，不得中顾私。捐躯赴国难，视死忽如归！

少年行·其二
王维

出身仕汉羽林郎，初随骠骑战渔阳。
孰知不向边庭苦，纵死犹闻侠骨香。

侠客行

李白

赵客缦胡缨,吴钩霜雪明。
银鞍照白马,飒沓如流星。
十步杀一人,千里不留行。
事了拂衣去,深藏身与名。
闲过信陵饮,脱剑膝前横。
将炙啖朱亥,持觞劝侯嬴。
三杯吐然诺,五岳倒为轻。
眼花耳热后,意气素霓生。
救赵挥金槌,邯郸先震惊。
千秋二壮士,烜赫大梁城。
纵死侠骨香,不惭世上英。
谁能书阁下,白首太玄经。

除游侠诗外,唐代以降,侠士文学也逐渐兴起。唐宋传奇、明清笔记小说中都有不少关于侠士的故事或小说。发展至现当代,武侠小说的流行与繁茂更是自不待言。

唐传奇中的侠士故事,多收录于宋人所编类书《太平广记》中,其中著名的篇章包括《聂隐娘》《红线》《谢小娥传》《虬髯客传》等。这些篇章塑造了众多爱憎分明、恩仇必报、意气激昂的经典女侠形象,她们或勇敢刚毅、为父为兄复仇;或豪侠尚义,赴他人厄难,路见不平拔刀助人。另外,四大名著之一《水浒传》中的英雄传奇也渗透着侠义精神,影响了其后诸如《三侠五义》《小五义》《续小五义》《七剑十三侠》等侠义小说的创作。[1]

明清之际,侠义小说仍十分盛行,李渔、蒲松龄、王士祯、袁枚等著名文人的笔下都曾描绘快意恩仇的侠义故事。以蒲松龄的《聊斋志异》为例,书中刻画了一大批报仇雪耻的侠女形象,《侠女》《商三官》《农妇》《乔女》等皆为脍炙人口的名篇。除此之外,《儿女英雄传》《三侠五义》等也都是清代侠义小说的代表之作。

游侠诗与侠士文学的流传与兴盛也进一步影响了现世武侠小说的创作。当代作家金庸、梁羽生、古龙等以它们为基础,创作了大量精彩纷呈、畅快淋漓的武侠作品。

总之,"侠"作为一种独特的生命形态,不仅在中国古代历史上留下了精彩的一笔,也是文学世界中不可或缺的一部分。在一定程度上,"侠"更是影响乃至塑造了中国人知恩报德、惩恶扬善的精神品格。

---

1 见鲁迅:《中国小说的历史的变迁》第六讲《清小说之四派及其末流》,《鲁迅全集》卷十七,北京:中国文联出版社,第280页。

文化关键词

兼爱

无差等地相互关爱。"兼爱"一说是墨家的基本主张,它所针对的是儒家所提出的爱有差等原则。"兼爱"强调每个人都应像爱自己一样爱他人,像爱自己的家人、国人一样爱别人的家人、爱别国的人,那么人与人之间就会彼此相爱。这种相爱是不分亲疏远近、尊卑上下的,是平等的、没有差别的爱。如果做到兼相爱,就能够避免人与人、家与家、国与国之间的相互攻伐、侵害,进而实现互利。

以武为植,以文为种

对战争而言,"武"只能作为辅助性手段,"文"才是统一和治理天下的根本方略。"武"指武力、军事手段,"文"主要指德治和教化。由战国军事家尉缭子提出。农作物的长势是否茂盛,首先取决于种子的好坏,而后才取决于农人的栽培和养护。尉缭子以此比喻德治和军事两者在统一和治理天下时的相互关系:军事只是辅助手段,能够让天下人主动归附及国家长治久安的根本方略必须靠德政和教化。这个命题最早阐明了政治与军事二者的关系:军事从属于政治,政治才是军事的本质内容。

篇九 勇者不惧

古代中国的勇德与勇士

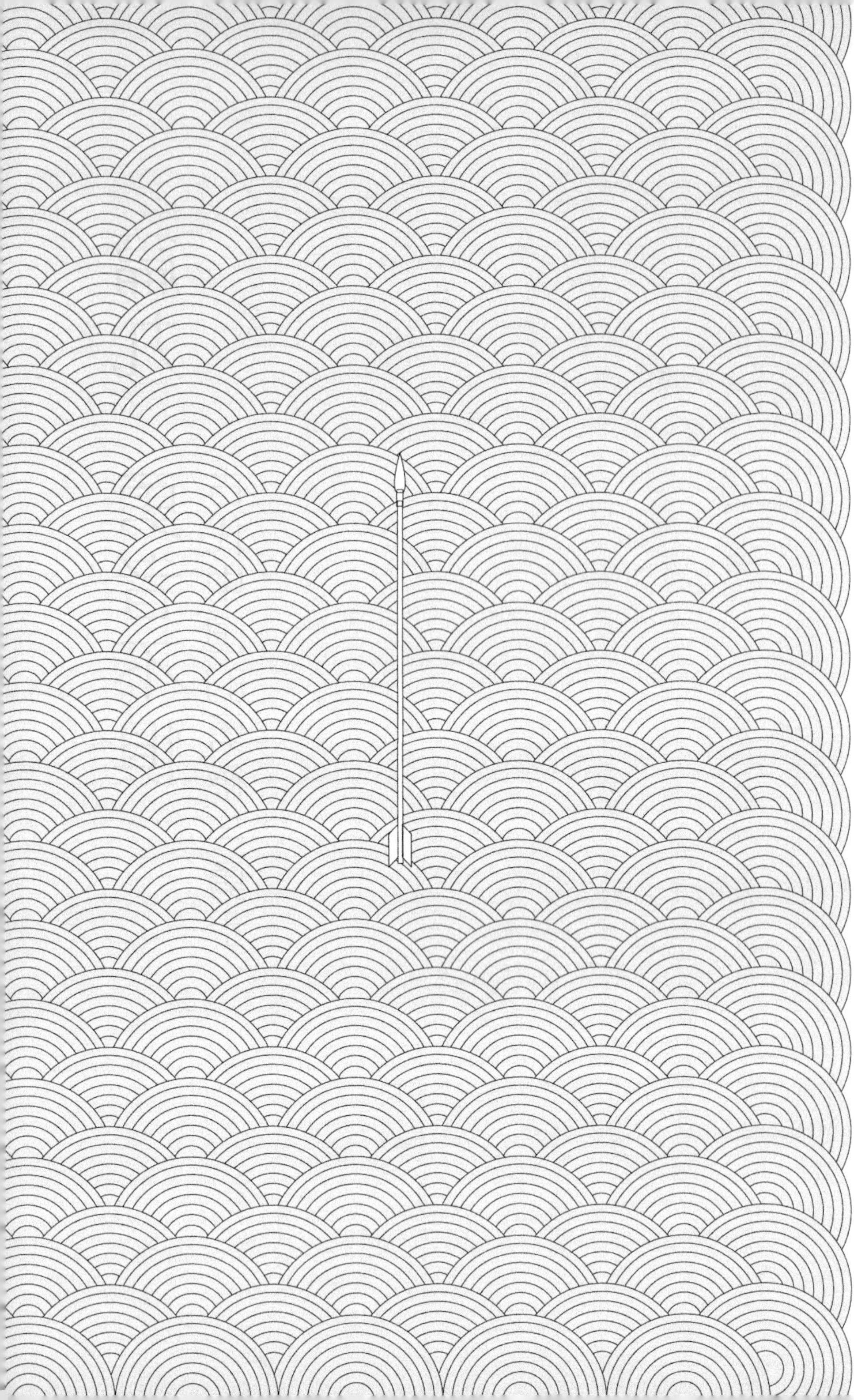

《论语》中，孔子将"勇"与"知""仁"并列，谓"知者不惑，仁者不忧，勇者不惧"。《中庸》则将"知""仁""勇"三者合称为"三达德"，宋代理学家朱熹注曰，"三达德"乃是"天下古今所同得之理也"。换言之，"知""仁""勇"是横贯古今而为人类所共有的三种德性。这三种德性也构成了早期中国兵家思想与军事文化的人文底色，为其提供了理性依据和价值来源。其中，勇德与兵家和军事的理论关系尤为密切。

　　《说文解字》释"勇"字谓"勇，气也"，清代学者段玉裁注曰："勇者，气也。气之所至，力亦至焉"。"勇"从根本上说是充塞人胸怀之中的勇猛果敢之志气，有此"勇气"，则必定会向外发散而形成"勇力"，让人能够在危难之时无所畏惧、见义勇为、强毅果断。因此，对于兵家与军事行动，勇德当然是不可或缺的道德意志，正如《吕氏春秋·仲秋纪》所说,"勇则战,怯则北。战而胜者,战其勇者也;战而北者,战其怯者也"。当然,勇德也需要仁德的涵养与智性的引领,方不至于武断冲动。

一

"勇者不惧":《论语》中的勇德与勇士

《论语》中,孔子曾多次与弟子讨论"勇"。在孔子看来,"勇"是难能可贵的道德品格。在《宪问》篇中,孔子说:"君子道者三,我无能焉:仁者不忧,知者不惑,勇者不惧。"孔子认为,君子之所躬行者有三——仁、知与勇,而自己尚且未能行而至。后人注疏多谓此为"夫子自谦",但由此不难看出孔子对仁、知、勇三种德性的嘉许与推崇;另外,勇也表现为直道而行、义薄云天的人格志气,"见义不为,无勇也"(《论语·为政》)。

与此同时,孔子并未一味称颂"勇",而是强调勇者必须以"仁"和"义"为内在价值本源,并通过"学"和"礼"来约束和规范外在行为。《论语》提到:

勇而无礼则乱。(《泰伯》)

仁者,必有勇。勇者,不必有仁。(《宪问》)

好勇不好学,其蔽也乱。(《阳货》)

子路曰:"君子尚勇乎?"

子曰:"君子义以为上。君子有勇而无义为乱,小人有勇而无义为盗。"

子贡曰:"君子亦有恶乎?"

子曰:"有恶:……恶勇而无礼者。"(《阳货》)

这些内容表明,"勇"必须诉诸道德情感的陶冶,以及礼仪准则的规范。另外,好勇之人应学习礼乐规范,将仁义等道德价值内化于己身,从而把"勇"塑造成为真正意义上的德性之"勇"。否则,若仅仅由"勇"之志气引导人的行为,君子可能导向昏乱,小人则可能肆无忌惮而最终为盗。关于这一点,荀子也曾提到"贱礼义而贵勇力,贫则为盗,富则为贼"。(《荀子·乐论》)总之,施行勇德的基础仍在于道德人格的挺立。唯其如此,"勇"才可能不简单呈现为一种彪悍尚武的精神气质,而真正成为一项难能可贵的道德品格,促使人在危难之际勇敢果断地择大义而行。

为阐扬中华民族之"武德",近代思想家梁启超著有《中国之武士道》一书,辑录了春秋战国至汉初"以武德著闻于太史"的七十余位武人的事迹,首开其篇的便是孔子。梁启超参照《左传·定公十年》与《史记·孔子世家》的记述,讲述了鲁定公十年夏,孔子随鲁定公会齐景公于夹谷(位于今山东莱芜）一事。齐国认为孔子"知礼而无勇"，于是意欲派人趁机武力劫持鲁定公。孔子不仅泰然自若地保护了鲁定公，还以外交礼仪准则为依据，说服齐景公归还了侵占鲁国的土地。梁启超由是赞叹说："天下之大勇，孰有过我孔子者乎？"这里，孔子之"勇"之所以为"大勇"，首先当然在于他临危不惧的气概。但更为重要的是，危难之际是否仍能冷静客观、以义为准、有礼有节，这才是衡量"大勇"的根本。

再者，孔子周游列国之际屡遭磨难。据《论语》以及后世其他文献记载，孔子曾受困于陈、蔡二国之间，绝粮七日。弟子子路愠怒而问夫子："君子也会有穷困潦倒之时吗？"孔子谓："君子固穷，小人穷斯滥矣。"（《论语·卫灵公》）——君子虽穷，但穷不失志。小人一旦穷困，便会自暴自弃、一蹶不振。这里，孔子于绝望困顿之际仍抱持济世之志，又何尝不是"大勇"的体现呢？"君子无终食之间违仁，造次必于是，颠沛必于是"（《论语·里仁》），生死存亡之际、窘迫流离之时，仍有持守仁义之道德理想的决心与志向，这正是"大勇"的流露。

在《论语》中，孔子的弟子子路正是以"好勇"著称。子路为人豪迈不羁、心直口快，《论语》中记录了不少他与孔子精彩互动的场景，以下便是其中极为有趣的一则对话：

子曰:"道不行,乘桴浮于海,从我者其由与?"子路闻之喜。子曰:"由也,好勇过我,无所取材。"(《论语·公冶长》)

孔子感叹大道之难以推行,欲乘桴一去,漂于大海之上。孔子说:"愿意跟从我的,也就只有子路了吧?"子路听后十分高兴。对此,孔子评论说:"子路比我好勇,可惜无所取于桴材。[1]"据《史记·孔子世家》记载,孔子"弟子盖三千焉,身通六艺者七十有二人"。《史记》的记叙或有夸张之处,但在众多弟子中,孔子唯独认为子路会跟从自己,子路听后也的确跃跃欲试,其果敢烂漫、勇往直前的人格形态由此可见一斑。

在另外一些场合,子路则毫不掩饰对老师的质疑、不满甚至批评。例如,子路曾询问孔子,如果卫君令孔子为政,孔子首要做什么。孔子回答说,当然是"正名"——正君臣、父子、夫妇等人伦秩序之"名"。子路立刻质疑老师:"子之迂也!"(《论语·子路》)意即:老师您何其迂远而不

---

[1] 关于"无所取材"一句,历代注家颇有争议。东汉经学家郑玄解为"无所取于桴材",意指此是孔子戏言于子路;宋代哲学家朱熹认为"材"同"裁",指裁度、审断,此句意为"子路为裁度适义之能";当代学者杨伯峻解此句为"子路好勇的精神大大超过了我,这就没有什么可取的呀。"

切实际啊!另外,在卫国之时,孔子会见卫灵公夫人南子,因南子有恶名恶行,子路直截了当地向老师表达了不满,孔子自誓曰:"予所否者,天厌之!天厌之!"(《论语·雍也》)——"如果我的所作所为有悖于道,天将厌弃我!"子路耿直勇猛、无所畏惧的"好勇"形象,在这些场景中跃然纸上。

好勇如子路,其结局也注定是悲壮的。据《史记·仲尼弟子列传》记载,鲁哀公十五年(公元前480年),出奔在外的卫国太子蒯聩欲发动军事政变以夺取君位,因此胁迫卫大夫孔悝"歃血为盟"[1]。子路时为孔悝家臣,听闻此事后,虽知可能濒临险境,仍义无反顾进城搭救孔悝。蒯聩派出两位训练有素的武士攻击子路,子路寡不敌众,在乱战中被戈刺中而受重伤,系冠的帽缨也被击断。子路谓"君子死而冠不免",于是整理好帽缨,从容赴死。

如果说孔子之勇象征着有智有仁的圣人之大勇,子路之勇则代表着爱憎分明、单刀直入的勇士之勇——虽不免冲动,却也豪情万丈,令人动容。

---

[1] 蒯聩:音kuǎi kuì。悝:音kuī。歃:音shà,古代盟誓时,用牲血涂在嘴边,以示诚信不渝。

（二）"虽千万人，吾往矣"：《孟子》中的勇德与勇士

《孟子·滕文公下》说："志士不忘在沟壑，勇士不忘丧其元"——有志之士坚守节操，不怕弃尸山沟，勇敢的人见义而为，不怕掉脑袋，孟子如是赞叹有志之士与勇猛之人。在孟子看来，志士与勇士持守内在德性，"浩然之气"充塞体内，危难之时甚至不惜舍生取义。

《孟子》进一步发挥和深化了《论语》关于勇德的讨论，区分了不同层级的"勇"，并由此论说圣人之勇为"大勇"。《孟子·梁惠王下》记载了齐宣王与孟子关于"勇"的一则对话，齐宣王认为自己过于"好勇"，不够谨慎也缺乏畏惧，孟子则基于民本思想的价值导向，劝说宣王勿好"小勇"或"匹夫之勇"，而要好文王、武王之勇，以安顿天下百姓。孟子提到，抚剑疾视而只能威慑一人的"勇"不过是"匹夫之勇"，真正的勇应当超越其上。一怒而能救民于水火，使天下获得安定，这便是文王与武王之勇。齐宣王若能效法文王与武王，则"民惟恐王之不好勇也"。这里，孟子高屋建瓴地向齐宣王陈述了勇德的终极价值内涵——扩充仁心而施

行仁政、保国安民，敢于为苍生平定天下。倘能如此，则天下莫能与之敌，正所谓"仁者无敌"。

《孟子·公孙丑上》记载了关于勇德与勇士的另外一则重要内容，阐明了"勇"的不同形态与德性境界。孟子认为，有诸如北宫黝、孟施舍等勇士之勇，也有不同于此的"大勇"。北宫黝胆量过人，即使肌肤被刺也不后退，眼睛被刺也不转动。他受不得一丝辱没，否则就如同在众目睽睽之下遭受鞭笞。他既不容忍卑贱之人，也不惧怕万乘之君，不论对手实力强弱，听到恶言或遭受冒犯就必定会一往无前反击求胜。可以说，北宫黝之"勇"表现为不甘受辱、临危不惧。孟施舍之"勇"与北宫黝有所不同，他能够审时度势，"量敌而后进，虑胜而后会"，即估量敌方的实力而后采取行动，考虑争斗的胜负而后展开交战，即便不能保证胜敌，仍会全力以赴而无所畏惧。在孟子看来，这是一种"守气"的无惧之勇。无论是北宫黝奋不顾身之勇，还是孟施舍但求无惧的守气之勇，都尚且只是血气之勇，不若曾子的守约持义之勇。曾子谓其弟子子襄曰：

> 子好勇乎？吾尝闻大勇于夫子矣：自反而不缩，虽褐宽博，吾不惴焉；自反而缩，虽千万人，吾往矣。

"缩"在此意指"是非曲直"的"直"。所谓"大勇",是在反躬自省之时,若发现正义不在我,则即便对方是手无寸铁之布衣,我也不会去恐吓他;若正义确在于我,则纵然对方有千军万马,我也义无反顾。可以说,在"虽千万人,吾往矣"的"大勇"气象中,既有明辨是非公理的智慧决断,也有维持天下正道的坚韧决心。"大勇"之所以成其为"大勇",在于其中充盈着凛然正气,同时也包含对大仁大义的持守与追寻。

另外,关于如何"养勇",孟子提出了"持志养气""养浩然之气"之说。孟子谓:"夫志,气之帅也;气,体之充也。夫志至焉,气次焉,故曰:'持其志,无暴其气'。"(《孟子·公孙丑上》)也就是说,思想意志("志")是意气感情("气")之主宰,而意气感情充盈人之体内[1]。思想意志关注于何处,意气感情便倾注于何处,因此要意志专一,也要避免滥用意气感情。在此基础上,孟子进一步提出了"养浩然之气":

> 其为气也,至大至刚,以直养而无害,则塞于天地之间。其为气也,配义与道;无是,馁也。是集义

---

[1] 杨伯峻:《孟子译注》,北京:中华书局,2010年,第60页。

所生者，非义袭而取之也。行有不慊于心，则馁矣。（《孟子·公孙丑上》）

"浩然之气"至为伟大，也至为刚强。方正不苟地滋养它，它便会充塞天地之间。另外，"浩然之气"必须与正义和大道相匹配，否则便会软弱无力。它来自道义的持久积累，而非一时兴起之为。一旦于心有愧，"浩然之气"便会疲软。从孟子的描述中不难看出，"大勇"境界虽似出于人伦日用之间，实则极为难能可贵。孟子的"持志养气"以养勇、"养浩然之气"之说，在后来的宋代儒学家那里得到了进一步的发挥。宋儒在此基础上开创了"存心养志""持敬"等修养功夫。正如朱熹评论孟子"养气"说时所言，"仲尼只说一个志，孟子便说许多养气出来，只此二字，其功甚多。"[1]

孔孟之后，荀子、庄子乃至后世其他思想家都对勇德有所讨论和阐发。例如，荀子依据德性境界之高低，区分了上勇、中勇和下勇（《荀子·性恶》），以及狗彘之勇、贾盗之勇、小人之勇和君子之勇（《荀子·荣辱》）；《庄子·秋水》篇则借孔子之口区分了渔父之勇、猎夫之勇、烈士之勇和圣

---

[1] 见《四书章句集注》，北京：中华书局，2011年，第186页。

人之勇,其中,圣人之勇"知穷之有命,知通之有时,临大难而不惧",乐天知命而又无所畏惧。到了宋儒那里,"勇"还被诠释为一种砥砺前行、勉力而为的道德勇气,如朱熹谓,"生知安行者知也,学知力行者仁也,困知勉行者勇也。"[1]

---

[1] 见《四书章句集注》,北京:中华书局,2011年,第29页。

三

颜渊之大勇：宋明哲学家对"勇"的发扬

宋明时期的思想家承续了先秦儒家的诸多思想议题与哲学概念，并尝试从不同角度探寻和拓展其思想空间，由此在宇宙论、本体论、功夫修养论等方面皆有所发挥。就"勇"而言，因宋明思想家极重德性人格的造就与精神境界的锤炼，故而着重于阐扬其德性维度，以个体道德生命的完善与成就加以诠释。较之于《论语》将子路作为"勇"之典型人物，宋明思想家更倾向于将孔子的另一位著名弟子颜回视作大勇之人。

显然，《论语》中的颜回形象首先让人联想到的德性是"仁"，颜回居处于潦倒之境而仍能持守内心之道德信仰，"人不堪其忧，回也不改其乐"（《论语·雍也》），追寻"孔颜乐处"自此成为中国历代知识分子的精神路标。颜回之"仁"也正是孔子嘉许这位弟子的首要原因："回也，其心三月不违仁，其余则日月至焉而已矣"（《论语·雍也》），说寻常人最多不过数日半月合于仁德，颜回却能长久地不离于仁。

《论语·宪问》说:"仁者,必有勇"。在宋明思想家那里,颜回便不仅是仁德的代表,同时更是"大勇之人"。宋代理学家程颐(公元1033—1107年)与弟子有关颜回之勇的问答如下:

问:"颜子勇乎?"
曰:"孰勇于颜子?观其言曰:'舜何人也,予何人也,有为者亦若是。'孰勇于颜子?如'有若无,实若虚,犯而不校'之类,抑可谓大勇者矣。"[1]

在程颐看来,颜回之为"大勇者"主要在于:其一,他以舜这样的圣人为理想人格,勉力而行,以期臻于至善;其二,他谦虚谨慎、勇于自省,正如《论语》所评价的,"不迁怒,不贰过"(《论语·雍也》)。显而易见的是,程颐认为,"勇"不仅仅表征充塞体内的勇猛果敢之气,更为重要的是,"勇"代表着反求诸己、躬行实践的毅力与志气,以及成就道德人格的坚定信念。从这个角度来说,颜回才是真正的至勇之人。

继程颐之后,宋明时期的众多思想家均曾讨论颜回之勇,如心学之开创者陆九渊(公元1139—1193年),以及

---

[1] 程颢、程颐著,王孝鱼点校:《二程集》,北京:中华书局,2004年,第211页。

明代著名思想家王阳明（公元1472—1529年）。陆九渊在与师友论学之时，反复论及颜回，谓颜回之勇在于勇于改过，古来圣贤也是如此，"过者，虽古之圣贤有所不免。而圣贤之所以为圣贤者，惟其改之而已。"[1]颜回能够"勇弃旧习""从善勇决""痛省勇改"，这需要超乎常人的勇气，也需要历久弥坚的信仰与毅力。

明代心学大儒王阳明将宋儒对"勇"的理解进一步朝人性论与心性论的方向发掘阐扬，谓"君子之学，求以变化其气质焉尔"[2]——君子之学的主旨在于修身明性以变化本有之"气质"。"气质"为人生来所固有，反省与变化自然不易。王阳明提到，唯其依乎天理而行，一举一动皆合于天道天理，否则难以达成"气质"之变化。而这一长久的过程所需要的正是人内在的超绝之"大勇"，就颜回来说，这种"大勇"既彰显于他"三月不违仁"、历久不变的意志中，也体现在他身居潦倒而"不改其乐"的恒常信念中。

综观王阳明本人的一生经历，其亦为豪杰之士、大勇之人，曾因上疏直言得罪权宦而遭谪贬至贵州龙场，在当地教化百姓、深得爱戴；曾在正德年间（公元1506—1521年）与嘉靖年间（公元1522—1566年）三度平息叛

---

[1] 见《陆象山全集》卷六，北京：中国书店，1992年，第48—49页。
[2] 见《王阳明全集》卷七，上海：上海古籍出版社，1992年，第249页。

◆王阳明画像,收录于贵州省博物馆藏《阳明先生遗像册》。

乱，展现出过人的军事才能与果敢的决断力。"知行合一"是阳明心学最为重要的命题之一，也是王阳明生命历程的真实写照。嘉靖平乱后，王阳明因病重告老还乡，行至江西南安病逝。弟子问其遗言，王阳明只谓："此心光明，亦复何言！"

四

"悲歌易水寒"：《史记·刺客列传》中的勇士

纵观中国历史，其中向来不乏碧血丹心、舍生取义的"勇士"形象。他们或高义薄云，不惜为道义或知己牺牲性命；或傲雪凌霜，在危难之际表现出超凡的气魄与勇力。《史记·刺客列传》中记载了五位舍生取义的刺客的侠义事迹——曹沫劫齐桓公、专诸刺王僚、豫让伏击赵襄子、聂政刺杀韩相、荆轲刺秦王，他们无疑即是这类勇士形象的代表。司马迁曰："自曹沫至荆轲五人，此其义或成或不成，然其立意较然，不欺其志，名垂后世，岂妄也哉！"五位刺客行义或成或败，但都抱持坚强不屈的勇气，志向始终不渝，由此名垂后世。

司马迁所记叙的五人中，荆轲无疑是最为著名的一位，也是着笔墨最多的一位。荆轲刺秦之事不仅在《史记》《战国策》等史书中有所记载，也历来为文学和戏剧作品所青睐。最早如成书于秦汉之际的传记小说《燕丹子》即演绎了这一历史事件，《论衡》《风俗演义》等著作也有相关记载。另外，不少诗词作品也常寄托对壮士的感怀忆念。

据《刺客列传》，荆轲本为卫国人，后徙至燕国。战国末年，秦国势力壮大，不断侵袭其他各国，齐、楚、三晋皆遭攻击，燕国南界亦危在旦夕。燕太子丹甚为震恐，求助于燕之处士田光。田光推荐荆轲于太子丹，荆轲遂献计太子，以秦国叛将樊於期之首级与燕督亢之地图进献秦王，借机行刺。太子不忍杀樊於期，荆轲只好私见樊於期，劝说他拔剑自刎以解燕国之患，并报父母宗族皆为秦王戮没之仇。随后，荆轲携首级与地图前往秦国。临行前，太子丹和宾客皆身着白衣，在易水之上为荆轲送行。好友高渐离击筑，荆轲和而歌之曰：

风萧萧兮易水寒，壮士一去兮不复还。

勇士的命运似乎总是悲壮的，孤注一掷的决心中往往埋藏着悲剧的种子。刺秦的结局人所共知——荆轲刺秦王不中，反被秦王重剑击伤，并最终为秦侍卫所杀。或许，在与挚友唱和完最后那句"壮士一去兮不复还"时，登车而去便始终未再回头的荆轲便已预知了刺秦的结局。但不正是这份"知其不可为而为之"的悲壮与勇气，引得千古慨叹吗？

◆《荆轲刺秦王》汉代画像石,山东嘉祥武氏祠石刻。

文人墨客对荆轲的歌咏，古而有之，兹摘录两首如下：

咏荆轲

陶渊明

燕丹善养士，志在报强嬴。
召集百夫良，岁暮得荆卿。
君子死知己，提剑出燕京。
素骥鸣广陌，慷慨送我行。
雄发指危冠，猛气冲长缨。
饮饯易水上，四座列群英。
渐离击悲筑，宋意唱高声。
萧萧哀风逝，淡淡寒波生。
商音更流涕，羽奏壮士惊。
心知去不归，且有后世名。
登车何时顾，飞盖入秦庭。
凌厉越万里，逶迤过千城。
图穷事自至，豪主正怔营。
惜哉剑术疏，奇功遂不成。
其人虽已没，千载有余情。

丙午十月十三夜梦过一大冢傍人为余言此荆轲

陆游

采药游名山,物外富真赏。
秋关策蹇驴,雪峡荡孤桨。
还乡乎十载,高兴寄遐想。
梦行河潼间,初日照仙掌。
坡陀荆棘冢,狐兔伏蓁莽。
悲歌易水寒,千古见精爽。
国雠久不复,惊觉泚吾颡。
何时真过兹,薄酹神所飨。

文化关键词

德性

人的道德本性。最早见于《礼记·中庸》。古人普遍承认，人天生所具的本性之中包含着人对于外物的感知与欲求。但是，对于人性之中是否包含道德性的因素，古人则持有不同的见解。大部分儒者认为，人性之中同时还包含着仁义礼智等道德的根基，也即是"德性"。"德性"需要经过一定的修养工夫，才能最终成就善行。

夫战，勇气也

打仗，凭的是勇气。"勇气"即军队的战斗精神、必胜意志、无所畏惧的气概。它不仅指个体士兵的精神状态，也指整个作战部队的精神气势。它往往是决定战争胜利的必要条件或先决条件。打仗是凶险之事，如果没有足够的勇气，其他任何有利条件都难以发挥应有的作用。其中隐含着这样的军事智慧：在诸多因素中，人的因素第一；在人的诸多因素中，人的精神因素第一。

余 论

在众多古代中国经典名著中,《孙子兵法》是外译版本最多、在世界上流传最为广泛的著作之一,各类兵家谋略也为海内外读者耳熟能详。在当代,其中一些内容甚至时常应用到商业、游戏等不同领域,成为指点迷津的"智慧锦囊"。当然,古代中国的兵家和军事思想远不止于《孙子兵法》和兵家谋略。它源远流长、包罗万象,并与古代中国的人文价值、礼乐制度、科技思想融会贯通。它不仅促进了中国历史上的礼制建构与科技发展,同时也启迪并催生了众多妙趣横生、精彩纷呈的历史与文学作品。更为重要的是,早期中国兵家与军事思想中重仁尚义的价值取向铸就了中国历史上众多高风亮节的侠义人格,同时也彰显着中华民族多元包容、崇尚和平的民族品格。

首先,古代中国的兵家与军事思想历史极为悠久。殷商甲骨文中已有与军事相关的记载,目前所见的商周青铜器中也有不少属于兵器一类。另外,早在《周易》《诗经》等早期经典文献中,已有不少与军事相关的记载和内容。总之,无论是纸上的文献,还是"地下之材料",都表明中国古代兵家与军事思想发源之早。在此后的历史进程中，这些思想渐趋丰富，并与中国古代的哲学与科技思想等相互影响，生成了诸多极具理论和现实价值的思想内容。

其次，古代中国的兵家与军事思想起源极早、内容丰富，但总体说来，中国古代思想是崇德而不尚武的，遵从"仁者无敌"的人文价值取向。自先秦时期开始，无论是以孔子为代表的儒家，还是以老子为代表的道家，乃至其他诸家，都曾倡言和平的无上价值，主张以人文德性引导战争，关注黎民百姓的生命与生计。即便是在当下，古代思想家崇尚和平、反对战争、尊重个体生命的战争观念仍是可贵可鉴的。与之相关的还有古军礼——在人文价值的引导下，古代军事活动中有大量的礼仪活动，这些活动的内核同样是以仁义等为核心的德性价值，其目的也同样在于显明德性、关怀生命。

再次，在与其他思想及技术领域交融的过程中，古代中国的兵家与军事思想促进了古代天文、地理、科技思想等的发展。例如，古人对天象、地形、气象等的观测，除了与农业活动相关之外，也时常是基于军事行动的需求。另外，古代军队的阵型排布、兵器的生产与铸造等，促进了古代中国科学技术的发展进步。可以说，古代兵家与军事思想的影响并不局限于军事领域，在其他诸多方面也有着深远的影响。

最后，古代中国的兵家与军事活动也为历代文学作品提供了素材。古时诗文和当代武侠小说、影视作品中，那些令人震撼的战争场景，以及扶正黜邪、快意恩仇的侠客形象，有不少是来自古代思想资源的启发。

诚然，一本小书难以全面呈现古代中国兵家与军事所蕴含的丰富思想世界。我们不妨将它作为一扇小门，走进它，经由它来探寻这个广阔的世界。